清华大学文科出版基金
QINGHUADAXUEWENKECHUBANJIJIN

中国国民经济核算改革与发展

许宪春　主编

清华大学出版社
北京

内 容 简 介

《中国国民经济核算改革与发展》一书共包括十章内容,前九章为中国国民经济核算重点领域改革与发展情况的论述;第十章是对这些重点领域有关疑问的解析。

前九章分别对中国 GDP 核算的改革与发展、第四次经济普查年度 GDP 核算方法改革、地区生产总值统一核算改革、供给使用表编制方法、第四次经济普查年度资金流量表编制方法、资产负债表编制方法、数字全球价值链的测算框架与事实特征、数据资产及其核算问题和数字经济供给使用表编制方法九个国民经济核算重点领域进行系统阐述。第十章针对专家学者关于上述重点领域存在的疑问进行梳理和解答。

本书封面贴有清华大学出版社防伪标签,无标签者不得销售。

版权所有,侵权必究。举报: 010-62782989, beiqinquan@tup.tsinghua.edu.cn。

图书在版编目(CIP)数据

中国国民经济核算改革与发展 / 许宪春主编. —北京:清华大学出版社,2022.10
ISBN 978-7-302-61784-6

Ⅰ. ①中… Ⅱ. ①许… Ⅲ. ①国民经济核算－研究－中国 Ⅳ. ① F222.33

中国版本图书馆 CIP 数据核字 (2022) 第 166614 号

责任编辑:梁云慈
封面设计:常雪影
版式设计:方加青
责任校对:王荣静
责任印制:丛怀宇

出版发行:清华大学出版社
网　　址:http://www.tup.com.cn, http://www.wqbook.com
地　　址:北京清华大学学研大厦 A 座　　邮　编:100084
社 总 机:010-83470000　　邮　购:010-62786544
投稿与读者服务:010-62776969, c-service@tup.tsinghua.edu.cn
质 量 反 馈:010-62772015, zhiliang@tup.tsinghua.edu.cn
印 装 者:三河市国英印务有限公司
经　　销:全国新华书店
开　　本:170mm×240mm　　印　张:12.25　　字　数:161 千字
版　　次:2022 年 10 月第 1 版　　印　次:2022 年 10 月第 1 次印刷
定　　价:98.00 元

产品编号:098608-01

编委会和编辑人员

主 编

许宪春

副主编

赵同录　史代敏　张冬佑

编 委

金　红　吕　峰　李花菊
郭建军　陈　希　曾宪欣　魏媛媛
马　丹　彭　刚　张美慧　王　洋

编辑人员

胡远宁　刘婉琪　彭　慧　雷泽坤
任　雪　王　洋　唐佳琦　胡亚茹

序言
Preface

中国国民经济核算是反映中国国民经济运行状况的重要工具，它提供的一整套国民经济核算数据是经济分析和研究的重要基础，也是经济管理和决策的重要依据。中国国民经济核算是随着经济体制的变化、经济的发展、经济管理需求的变化，以及国际标准的变化而不断进行改革与发展的。

改革开放以后，为了适应从高度集中的计划经济体制向社会主义市场经济体制过渡时期经济管理的需要，中国国民经济核算实现了从产生于高度集中的计划经济国家的《物质产品平衡表体系（MPS）》向市场经济国家普遍采用的《国民账户体系（SNA）》的转变。随着改革开放的深入，中国社会主义市场经济发展不断出现新的情况，宏观管理不断产生新的需求，国际标准也针对世界经济环境的变化而进行过两次重大修订，形成了两个新的版本：1993年SNA和2008年SNA。为了更好地适应中国社会主义市场经济发展产生的新情况，满足经济管理产生的新需求，反映国际标准的新变化，国家统计局对国民经济核算制度方法进行了一系列改革，以推动中国国民经济核算不断发展。

近年来，国家统计局对GDP核算方法又进行了一系列改革，实现了地区生产总值统一核算；编制完成了我国首张供给使用表，发挥了投入产出核算框架作用；改进和完善了资金流量表编表方法，完成了资金流量表历史数据修订，提高了资金流量表编表效率；稳步推进全国和地方资产负债表编制工作和自然资源资产负债表编制工作；不断拓展核算领域，核算并公布了"三新"经济增加值、战略性新兴产业增加值、专利密集型产业增加值等多项派生产业增加值核算结果。上述一系列改革提高了中国国民经济核算水平和数据质量，提升了中国国民经济核算服务经济决策和经济发展的能力，为经济分析和决策提供了重要的数据支撑。

在国民经济核算一系列改革工作中，学术研究部门积极地参与其中，做出了贡献。但是国民经济核算实际工作部门和学术研究部门之间的联系还不够紧密，学术研究与实际工作之间存在严重脱节的现象。加强国民经济核算领域学术研究部门和实际工作部门、学者和实际工作者之间的交流，既有利于学术研究的发展，也有利于实际工作。正是基于这些考虑，清华大学中国经济社会数据研究中心与西南财经大学中国社会经济统计研究中心、中国国民经济核算研究会共同举办了中国国民经济核算改革与发展研讨会，邀请国家统计局国民经济核算司的专家、高校学者对中国 GDP 核算的改革与发展、第四次经济普查年度 GDP 核算方法改革、地区生产总值统一核算改革、中国供给使用表编制方法、第四次经济普查年度资金流量表编制方法、中国资产负债表编制方法、数字全球价值链的测算框架、数据资产及其核算问题和数字经济供给使用表编制方法九个国民经济核算重点领域进行全面系统的解读，并针对参会专家学者提出的问题进行认真解答。经过对讲稿和问答进行细致的整理和修改，形成了中国国民经济核算领域的一部重要著作。希望能够以此书为媒介加深国民经济核算领域的学者与实际工作者之间的交流，推进中国国民经济核算学术研究、实际工作和教学工作的发展。

本书共包括十章。前九章分别对中国 GDP 核算的改革与发展、第四次经济普查年度 GDP 核算方法改革、地区生产总值统一核算改革、中国供给使用表编制方法、第四次经济普查年度资金流量表编制方法、中国资产负债表编制方法、数字全球价值链的测算框架与事实特征、数据资产及其核算问题和数字经济供给使用表编制方法九个国民经济核算重点领域进行系统阐述。第十章针对专家学者对上述重点领域提出的问题进行梳理解答。对上述国民经济核算重点领域进行解读并解答有关问题的主讲嘉宾大部分长期从事国民经济核算实际工作以及国民经济核算研究工作，具有丰富的实践经验和扎实的理论功底。为了实现中国国民经济核算改革与发展研讨会的目标，他们会前精心准备讲稿，会上进行深入交流，认真讨论，答疑解惑；会后认真修改讲稿，并且对根据录音整理出来的问题解答初稿进行仔细修改。我对全书书稿做了最终修改和定稿。在组稿、编排和问题解答部分的前期整理过程中，清华大学中国经济社会数据研究中心的骨干研究人员做了大量工作，王洋负责统稿、编排以及对第六章内容的评论的前期整理和后期校对工作；胡远宁、刘婉琪、彭慧、雷泽坤、任雪、唐佳琦、胡亚茹、张美慧分别负责对第一章、第二章、第三章、第四章、第五章、第七章、第八章和第九章内容的评论与问题解答的前期整理和后期校对工作。在申请清华大学文科出版基金的过程中，清华大学经济管理学院陈煜波教授和社会科学学院刘涛雄教授对书稿给予大力推荐，经济管理学院科研办的袁增梅老师在上报申报材料方面提供了很好的帮助，清华大学出版社梁云慈女士对本书的出版给予大量帮助。借本书出版的机会，我向他们表示真诚的谢意！

本书的出版得到"清华大学文科出版基金"的资助。借本书出版的机会，特向"清华大学文科出版基金"管理部门致以诚挚的谢意！

许宪春

2022 年 3 月 30 日

目录
Contents

第一章　中国 GDP 核算的改革与发展 ································· 1

　　第一节　引言 ·· 1
　　第二节　GDP 核算资料来源的改进和规范 ······················· 2
　　第三节　GDP 核算基本分类的修订 ································ 7
　　第四节　GDP 核算方法的改革 ····································· 13
　　第五节　GDP 核算方法进一步改革探讨 ·························· 16
　　第六节　总结 ·· 20

第二章　第四次经济普查年度 GDP 核算方法改革研究 ············ 24

　　第一节　中国 GDP 核算制度基本情况 ···························· 24
　　第二节　第四次经济普查为满足国民经济核算需求所做的改进 ······ 26
　　第三节　第四次经济普查年度 GDP 核算方法的主要变化 ······ 27
　　第四节　核算结果及分析 ·· 30

第三章　地区生产总值统一核算改革研究 ···························· 34

　　第一节　地区生产总值核算的发展历程 ··························· 34
　　第二节　地区生产总值统一核算改革的实施 ····················· 37
　　第三节　地区生产总值统一核算的具体方法 ····················· 39

第四节　地区生产总值统一核算的意义和作用 ………………… 45
　　第五节　地区生产总值统一核算存在的问题和今后改革目标 … 48

第四章　中国供给使用表编制方法研究 …………………………… 52
　　第一节　国民经济核算体系中的供给使用表和投入产出表 …… 52
　　第二节　中国供给使用表和投入产出表编制方法 ……………… 57
　　第三节　下一步工作展望 ………………………………………… 60

第五章　第四次经济普查年度资金流量表编制方法改革研究 …… 62
　　第一节　调整部分机构部门的口径及名称 ……………………… 62
　　第二节　新增部分指标 …………………………………………… 63
　　第三节　改进部分指标分机构部门的核算方法 ………………… 63
　　第四节　规范部分交易项目的记录方法 ………………………… 64

第六章　中国资产负债表编制方法研究 …………………………… 66
　　第一节　背景和组织实施 ………………………………………… 66
　　第二节　资产负债核算的基本问题 ……………………………… 68
　　第三节　资产负债核算方法 ……………………………………… 72

第七章　数字全球价值链的测算框架与事实特征 ………………… 76
　　第一节　引言 ……………………………………………………… 76
　　第二节　文献综述 ………………………………………………… 77
　　第三节　理论模型与数据说明 …………………………………… 80
　　第四节　数字全球价值链的测算结果与分析 …………………… 85
　　第五节　结论 ……………………………………………………… 94

第八章　数据资产及其核算问题研究 ……………………………… 97
　　第一节　引言 ……………………………………………………… 98
　　第二节　从数据到数据资产：概念与属性辨析 ………………… 101
　　第三节　SNA 框架下数据资产核算处理探究 ………………… 106

第四节　数据资产核算实践探索：以××高校为例 ……………… 115
　　第五节　结论和展望 ……………………………………………… 123

第九章　数字经济供给使用表编制方法研究 ……………………… 128
　　第一节　引言 ……………………………………………………… 129
　　第二节　数字经济供给使用表概念框架研究 …………………… 131
　　第三节　数字经济供给使用表整体架构 ………………………… 145
　　第四节　数字经济供给使用表编制实践解析 …………………… 152
　　第五节　结论与建议 ……………………………………………… 158

第十章　问题解答 ……………………………………………………… 162
　　第一节　中国 GDP 核算的改革与发展 ………………………… 162
　　第二节　第四次经济普查年度 GDP 核算方法改革研究 ……… 165
　　第三节　地区生产总值统一核算改革研究 ……………………… 169
　　第四节　中国供给使用表编制方法研究 ………………………… 172
　　第五节　第四次经济普查年度资金流量表编制方法改革研究 … 176
　　第六节　中国资产负债表编制方法研究 ………………………… 178
　　第七节　数字全球价值链的测算框架与事实特征 ……………… 179
　　第八节　数据资产及其核算问题研究 …………………………… 181
　　第九节　数字经济供给使用表编制方法研究 …………………… 182

第一章

中国 GDP 核算的改革与发展

清华大学中国经济社会数据研究中心主任
清华大学经济管理学院教授　许宪春

第一节　引言

国内生产总值（GDP）能够从经济增长、经济规模、经济结构等多方面反映经济运行情况，因而是分析经济形势的重要工具和制定经济政策的重要依据。

GDP 能否发挥应有的作用，取决于 GDP 核算的质量，而资料来源、基本分类和核算方法是决定 GDP 核算质量的三大要素。

自从 1985 年建立 GDP 核算制度以来，国家统计局开展了一系列普查和统计调查制度改革，对 GDP 核算的基本分类，包括 GDP 生产核算的行业分类和三次产业分类以及 GDP 使用核算的需求项目分类进行了一系列修订，对 GDP 核算方法进行了一系列改革，不断改进和规范 GDP 核算的资料来源，提高资料来源的可靠性，提高 GDP 核算的基本分类和方法的科学性和国际可比性，使其适应经济发展不断产生的新情况，满足经济分析和管理产生的新需求，反映国际标准的新变化。上述资料来源的改进和规范、基本分类的修订以及核算方法的改革对于提高我国 GDP 核算的质量起到了重要的作用。

与国民经济核算国际标准和发达国家相比，我国 GDP 核算还存在很大差距，需要进一步改革和发展。随着科技的不断进步，创新能力的不断提升，经济发展不断出现新的情况，经济分析和管理不断产生新的需求，GDP 核算也需要进一步改革和发展。

本章对我国 GDP 核算资料来源的一系列重要改进和规范进行了总结，对 GDP 核算基本分类的一系列重要修订进行梳理，对 GDP 核算方法的一系列重要改革进行阐述，对 GDP 核算方法的进一步改革进行探讨，供使用中国 GDP 数据分析经济形势和制定经济政策的学者和官员参考。

第二节 GDP 核算资料来源的改进和规范

自从 1985 年建立核算制度以来，为了使 GDP 能够客观地反映中国经济发展变化的实际情况，满足经济分析和管理的需要，国家统计局开展了一系列普查和统计调查制度改革，不断改进和规范 GDP 核算的资料来源，提高资料来源的可靠性。

一、第三产业普查和经济普查

在计划经济时期，受传统经济理论的影响，中国重视物质产品和物质服务生产活动，不重视非物质服务活动。相应地，中国政府统计部门重视物质产品和物质服务生产活动统计，即农业、工业、建筑业、运输邮电业和商业饮食业统计，忽视非物质服务活动统计，例如金融、房地产、科学研究、教育文化、卫生体育等行业的统计。1985 年建立 GDP 核算制度以后，非物质服务活动的资料来源一直是一个薄弱环节。同时，改革开放以后，私营、个体运输业和商业饮食业获得了迅速发展，常规性统计调查对这部分服务活动覆盖不全。

针对服务业统计基础薄弱，统计数据不能全面准确地反映服务业发展的实际状况，为了摸清第三产业底数，为制定第三产业发展规划和政策提供基础资料，也为了完善常规年度第三产业统计和满足国民经济核算从适用于计划经济体制需要的物质产品平衡表体系（MPS）

向适用于市场经济体制需要的国民账户体系（SNA）过渡的需要，国务院决定开展第一次第三产业普查（国务院，1993）。普查工作在1993年和1994年进行，普查年度为1991年和1992年两年，普查范围为从事第三产业的所有单位。根据普查获得的资料，国家统计局对第三产业增加值和GDP数据进行了较大幅度的修订（表1-1）。其中，1991年GDP数据由普查前的20 188亿元修订为21 618亿元，修订额为1 430亿元，修订率为7.1%。其中，第三产业增加值修订额为1 429亿元，修订率为24.7%。1992年GDP数据由普查前的24 363亿元修订为26 638亿元，修订额为2 275亿元，修订率为9.3%。其中，第三产业增加值修订额为2 276亿元，修订率为33.1%。

表1-1　第一次第三产业普查年度GDP生产核算数据的修订

年度	GDP和三次产业增加值	总量（亿元）			
		修订后	修订前	修订额	修订率（%）
1991	GDP	21 618	20 188	1 430	7.1
	第一产业	5 289	5 289	0	0
	第二产业	9 102	9 102	0	0
	第三产业	7 227	5 798	1 429	24.7
1992	GDP	26 638	24 363	2 275	9.3
	第一产业	5 800	5 800	0	0
	第二产业	11 700	11 700	0	0
	第三产业	9 139	6 863	2 276	33.1

注：1. 本表中修订前数据取自《中国统计年鉴1994》第32页，修订后数据取自《中国国内生产总值核算历史资料1952-1995》第27页；修订额等于修订后数据减去修订前数据，修订率为修订额与修订前数据的比率。

2. 由于四舍五入的原因，1991年和1992年第三产业增加值修订额与GDP修订额在个位数上差1。

2003年，为了适应经济社会发展的需要，以及与编制五年规划更好地衔接，推进国民经济核算与统计调查体系的综合配套改革，国务院决定，在2004年开展第一次全国经济普查；以后每10年进行两次，分别在逢3、逢8的年度实施；普查范围包括第二、第三产业的法人单位、产业活动单位和个体经营户（国务院，2003）。到目前为止，分别在2004年、2008年、2013年和2018年完成了四次全国经济普查。经济普查动员了大量的人力、物力、财力，获得了翔实的基础资料。国家统计局利用这些基础资料，结合基本分类的修订和核算方法的改革，修订了普查年度的GDP数据，提高了GDP的数据质量（表1-2）。第一次经济普查之后，国家统计局将2004年GDP数据由普查前的136 876亿元修订为159 878亿元，修订额为23 002亿元，修订率为16.8%。其中，第三产业增加值修订额为21 297亿元，修订率达48.7%。第三产业增加值修订额占GDP修订额的92.6%。第二次经济普查之后，国家统计局将2008年GDP数据由普查前的300 670亿元修订为314 045亿元，修订额为13 375亿元，修订率为4.4%。其中，第三产业增加值修订额为10 853亿元，修订率为9.0%。第三产业增加值修订额占GDP修订额的81.2%。第三次经济普查之后，国家统计局将2013年GDP数据由普查前的568 845亿元修订为588 019亿元，修订额为19 174亿元，修订率为3.4%。其中，第三产业增加值修订额为13 683亿元，修订率为5.2%。第三产业增加值修订额占GDP修订额的71.4%。第四次经济普查之后，国家统计局将2018年GDP数据由普查前的900 309亿元修订为919 281亿元，修订额为18 972亿元，修订率为2.1%。其中，第三产业增加值修订额为20 126亿元，修订率为4.3%。第三产业增加值修订额相当于GDP修订额的106.1%。

表1-2　四次经济普查年度GDP生产核算数据的修订

年度	GDP和三次产业增加值	总量（亿元）			
		修订后	修订前	修订额	修订率(%)
2004	GDP	159 878	136 876	23 002	16.8
	第一产业	20 956	20 768	188	0.9
	第二产业	73 904	72 387	1 517	2.1
	第三产业	65 018	43 721	21 297	48.7

续表

年　度	GDP 和三次产业增加值	总量（亿元）			
		修订后	修订前	修订额	修订率(%)
2008	GDP	314 045	300 670	13 375	4.4
	第一产业	33 702	34 000	−298	−0.9
	第二产业	149 003	146 183	2 820	1.9
	第三产业	131 340	120 487	10 853	9.0
2013	GDP	588 019	568 845	19 174	3.4
	第一产业	55 322	56 957	−1 635	−2.9
	第二产业	256 810	249 684	7 126	2.9
	第三产业	275 887	262 204	13 683	5.2
2018	GDP	919 281	900 309	18 972	2.1
	第一产业	64 745	64 734	11	0.0
	第二产业	364 835	366 001	−1 166	−0.3
	第三产业	489 701	469 575	20 126	4.3

注：1. 本表中 2004 年修订前的 GDP 生产核算数据和三次产业比重数据分别取自《中国统计年鉴2005》第 51 和第 52 页，修订后的数据分别取自《中国统计年鉴2006》第 57 和第 58 页；2008 年修订前的上述数据分别取自《中国统计年鉴2009》第 37 和第 38 页，修订后的数据分别取自《中国统计年鉴2010》第 38 和第 39 页；2013 年修订前的上述数据分别取自《中国统计年鉴2014》第 50 和第 51 页，修订后的数据分别取自《中国统计年鉴2015》第 58 和第 60 页；2018 年修订前的上述数据分别取自《中国统计年鉴2019》第 56 和第 58 页，修订后的数据分别取自《中国统计年鉴2020》第 56 和第 58 页。

2. 修订额等于修订后数据减去修订前数据，修订率为修订额与修订前数据的比率。

二、投入产出调查

为了给宏观决策和编制国民经济和社会发展规划提供依据，经国务院批准，国家统计局于 1987 年建立了每五年开展一次全国投入产出调查，编制全国投入产出表的制度（国务院办公厅，1987）。到目前（2021 年）为止，已经开展过七次全国投入产出调查。这些投入产出调查除了直接为编制相应年度的全国投入产出表提供了重要基础资料外，也为 GDP 核算提供了重要的结构性基础资料，例如，各种类型企业会计资料中的销售费用、管理费用和财务费用，包括许多具体的费用项目，这些具体的费用项目有的属于中间投入，有的属于劳动者报酬、生产税净额和营业盈余。由于经济普查和常规统计调查中的财务状况调查并没有调查销售费用、管理费用和财务费用中许多具体的费用项目，所以经济普查年度和常规年度相应类型企业的增加值核算都是借助投入产出调查获得的这些具体的费用项目的比率资料进行的。因此，每五年开展一次的全国投入产出调查为 GDP 核算提供了重要的结构性基础资料。

三、统计调查制度改革

（一）工业统计调查制度改革

为了适应社会主义市场经济发展情况和经济分析及管理的需要，工业统计调查制度进行过一系列改革，其中对工业增加值核算影响比较大的改革包括三个方面：一是从按企业隶属关系确定统计范围到按企业规模确定统计范围；二是从村及村以下工业、城镇联营及个体工业全面调查到规模以下工业抽样调查；三是建立了规模以上工业企业成本费用调查制度。每次工业统计调查制度改革之后，国家统计局都重新修订工业增加值核算方法。这些统计调查制度改革改进了工业增加值核算的资料来源，提高了数据质量，对于准确核算工业增加值起到了重要作用。（许宪春，2020）

（二）企业一套表联网直报统计调查制度改革

2012 年和 2013 年，国家统计局实施了企业一套表联网直报统计调查制度改革。这项改革一是实现了企业调查表的一体化设计，除了反映专业特点的指标外，各专业统计领域的企业调查表的指标设置、定义，口径范围和分类等方面基本上实现一致，对于协调各行业增加值核算方法，提高增加值核算方法的一致性起到了重要作用；二是通过互联网技术大大减轻了基层政府统计部门的工作负担，提高了工作效率，减少了差错率；三是减少了中间环节的干扰。这项改革对于提高 GDP 核算数据质量起到了重要作用。（许宪春，2019）

（三）服务业统计调查制度改革

2012 年以后，与服务业企业一套表联网直报统计调查制度改革相衔接，国家统计局开展了服务业统计调查制度改革：一是建立了服务业小微企业抽样调查制度；二是与有关服务业管理部门联合建立了部门服务业财务状况统计报表。这项改革对于改善服务业增加值核算的资料来源，提高服务业增加值核算数据质量起到了重要作用。（许宪春，2019）

（四）城乡住户调查一体化改革

自从 20 世纪 50 年代建立了统计调查制度，城乡住户调查一直是各自独立开展的。两者在抽样方法，调查方式，调查指标的定义、口径范围、基本分类和计算方法等方面没有实现完全统一。同时，城乡住户调查与国民经济核算和人口统计也存在不衔接的问题。2013 年，国家统计局开展了城乡住户调查一体化改革。这项改革一是解决了城乡住户调查指标问题，包括解决城乡住户调查指标之间的统一性问题和住户调查指标与国民经济核算相应指标之间的一致性问题；二是解决了住户调查中的农民工城乡划分问题，实现了住户调查与人口统计城乡分类的一致性；三是解决了住户调查样本对农民工的代表性问题；四是解决了城乡住户调查抽样方法和调查方式的统一性问题。这项改革不仅提高了住户调查的能力、水平和数据质量，也对改进和完善支出法 GDP 中的居民消费支出核算，提高其数据质量起到了重要作用。（许宪春，2019）

第三节　GDP 核算基本分类的修订

GDP 核算的基本分类包括 GDP 生产核算的基本分类和 GDP 使

用核算的基本分类，前者主要包括行业分类和三次产业分类，后者即支出法 GDP 的需求项目分类。这些基本分类是反映生产结构和需求结构的重要工具。

自从建立核算制度以来，为了使 GDP 能够客观地反映中国经济生产结构和需求结构发展变化的实际情况，满足经济分析和管理的需要，国家统计局对 GDP 核算的基本分类进行了一系列修订。

一、GDP 生产核算基本分类的修订

为了反映中国经济发展变化的实际情况，尤其是新的经济活动不断产生的实际情况，以及与相应的国际分类标准相衔接，国家统计局会同国家标准管理部门对国民经济行业分类国家标准进行了多次修订。到目前为止，国家统计局与国家标准管理部门联合制定了五套国民经济行业分类国家标准，由国家标准管理部门分别于 1984 年、1994 年、2002 年、2011 年和 2017 年发布。GDP 生产核算的行业分类是以上述国家分类标准为依据，结合经济分析和管理的需要以及资料来源的实际情况制定的。

1985 年至 1993 年，GDP 生产核算行业分类以《国民经济行业分类和代码》（GB4754-84）（国家标准局，1984）为基础，设置了 15 个一级行业，部分行业设置了次级分类。这 15 个一级行业中除了农业、综合技术和生产服务业、居民服务业、公用事业、房地产业、科学研究事业 6 个行业外，基本上都是上述国家分类标准中的门类，居民服务业、公用事业和科学研究事业属于大类，农业、综合技术和生产服务业是几个大类的组合，房地产业是房地产管理业大类和居民住房服务的组合（国家统计局，1987；1988）[1]。

1994 年至 2003 年，GDP 生产核算行业分类以《国民经济行业分类与代码》（GB4754-94）（国家技术监督局，1994）为基础，设置

---

[1] 与中国国内生产总值核算制度建立初期的行业分类略有不同，本章采用的是国家统计局 1987 年、1988 年制定的国民生产统计报表制度中的行业分类。

了 15 个一级行业，部分行业设置了次级分类。这 15 个一级行业除了工业和农林牧渔服务业外，基本上都是上述国家分类标准中的门类，工业是采掘业，制造业，电力、煤气及水的生产和供应业三大门类的组合，农林牧渔服务业属于大类（国家统计局，1995）。与 1985 年至 1993 年 GDP 生产核算所采用的行业分类相比，这里的行业分类发生了一系列变化，例如，农林牧渔服务业和地质勘察业、水利管理业从综合技术和生产服务业中分离出来，形成两个一级行业；社会服务业是对公用事业、居民服务业、综合技术和生产服务业中的部分行业的整合。

2004 年至 2012 年，GDP 生产核算行业分类以《国民经济行业分类》（GB4754-2002）（国家质量监督检验检疫总局，2002）为基础，设置了三级分类，其中一级分类为 17 个行业，除工业外基本上都是上述国家分类标准中的门类；二级分类为 59 个行业，其中把工业划分到采矿业，制造业，电力、燃气及水的生产和供应业三大门类，其余行业基本上都是上述国家分类标准的大类；三级分类为 94 个行业，在上述二级分类的基础上将采矿业，制造业，电力、燃气及水的生产和供应业细化到上述国家分类标准的大类（国家统计局国民经济核算司，2007；2008）。由于采用了新的国家分类标准，与 1994 年至 2003 年 GDP 生产核算行业分类相比，这里的行业分类发生了一系列变化。例如，木材及竹材采运业，从采掘业调整到农林牧渔业；城市公共交通业、旅馆业、计算机应用服务业、租赁服务业，从社会服务业分别调整到交通运输、仓储和邮政业，住宿和餐饮业，信息传输、计算机服务和软件业，租赁和商务服务业。

2013 年至 2017 年，GDP 生产核算行业分类以《国民经济行业分类》（GB4754-2011）（国家质量监督检验检疫总局等，2011）为基础，设置二级分类，一级分类为上述国家分类标准中的 19 个门类；二级分类基本上都是上述国家分类标准中的大类，共 95 个行业。其中，房地产业所属的五个行业为该国家分类标准的中类；公共管理和社会组织为该国家分类标准中的公共管理、社会保障和社会组织门类中除社会保障之外 5 个大类的合并（国家统计局国民经济核算司，2016）。上述一级分类中的行业与 2004 年至 2012 年 GDP 生产核算一级分类中的行业存在一系列区别，例如，原来包含在制造业中的汽车修理部分和包含在信息传输、计算机服务和软件业中的计算机维修部分被调整到居民服务和其他服务业中，形成居民服务、修理和其他服务业一级行业；原来包含在卫生、社会保障和社会福利中的社会保障部分被调整到公共管理和社会组织中，分别形成卫生和社会工作以及公共管理、社会保障和社会组织两个一级行业。

2018 年至今，GDP 生产核算行业分类以《国民经济行业分类》（GB4754-2017）（国家质量监督检验检疫总局等，2017）为基础，设置二级分类，一级分类为上述国家分类标准中的 19 个门类，二级分类基本上都是该国家分类标准中的大类，共 97 个行业。其中，房地产业所属的前五个行业为该国家分类标准的中类，并增加了居民自有住房服务；公共管理和社会组织为该国家分类标准中的公共管理、社会保障和社会组织门类中除社会保障之外 5 个大类的合并。

到目前为止，国家统计局共制定过四套三次产业划分标准，分别是在 1985 年、2003 年、2012 年和 2018 年制定的（国务院办公厅，1985；国家统计局，2003；2012；2018）。每次三次产业划分标准修订之后，GDP 生产核算的三次产业分类立即采用新的划分标准。

二、GDP 使用核算基本分类的修订

为了满足经济分析和管理的需要，以及与相应的国际分类标准相衔接，国家统计局对 GDP 使用核算基本分类进行了多次修订，主要包括居民消费支出分类和固定资本形成总额分类的修订。

（一）居民消费支出分类的修订

GDP 使用核算建立初期的居民消费支出分类。GDP 使用核算建

立初期，居民消费支出首先划分为农业居民消费支出和非农业居民消费支出，然后将农业居民消费支出和非农业居民消费支出划分为商品性消费、自给性消费和服务性消费（国家统计局，1990；国家统计局平衡司，1990）。

居民消费支出分类的第一次修订。1992年，国家统计局对居民消费支出分类进行了第一次修订：农业居民消费支出划分为商品性消费、自给性消费、文化生活服务性消费和住房及水电煤气消费4类；非农业居民消费支出划分为商品性消费、文化生活服务性消费、住房及水电煤气消费、公费医疗消费、实物报酬消费和企业从公积金和公益金中支付的为职工谋福利的集体福利设施费6类（国家统计局，1992；1993；1995）。

居民消费支出分类的第二次修订。1996年，国家统计局对居民消费支出分类进行了第二次修订：一是把农业居民消费支出和非农业居民消费支出分别修订为农村居民消费支出和城镇居民消费支出；二是把农村居民消费支出分类修订为商品性消费、自给性消费、文化生活服务性消费、住房及水电煤气消费、金融中介服务和保险服务消费5类，把城镇居民消费支出分类修订为商品性消费、文化生活服务性消费、住房及水电煤气消费、实物收入消费、公费医疗消费、集体福利消费、金融中介服务和保险服务消费7类（国家统计局国民经济核算司，1997）。

居民消费支出分类的第三次修订。2004年，即第一次经济普查年度，国家统计局主要依据住户调查中的居民消费支出分类将农村居民消费支出调整为食品支出，衣着支出，居住支出，家庭设备、用品及服务支出，医疗保健支出，公共医疗支出，交通和通信支出，文教娱乐用品及服务支出，金融中介服务消费，保险服务消费，居民自有住房服务虚拟支出，其他商品和服务支出等12个类别；城镇居民消费支出在农村居民消费支出的12个类别的基础上增加一项实物消费支出，共13个类别（国家统计局国民经济核算司，2007；2008）[①]。

居民消费支出分类的第四次修订。2013年，为了建立规范、统一的居民消费支出分类标准，国家统计局制定了《居民消费支出分类（2013）》，用于GDP核算、住户调查、居民消费价格调查等与居民消费支出有关的统计调查。依据这一分类标准，第三次经济普查年度GDP使用核算将农村居民消费支出和城镇居民消费支出均调整为以下10个类别：食品烟酒支出、衣着支出、居住支出、生活用品及服务支出、交通和通信支出、教育文化和娱乐支出、医疗保健支出、金融中介服务消费、保险服务消费、其他商品和服务支出（国家统计局国民经济核算司，2016）。

（二）固定资本形成总额分类的修订

2008年以前，固定资本形成总额按以下几个部分计算：①全社会固定资产投资；②50万元以下零星固定资产投资；③新产品试制增加的固定资产；④商品房销售增值；⑤无形固定资产增加；⑥未经过正式立项的土地改良费用；⑦购置旧建筑物、旧设备的价值和土地征用、购置及迁移补偿费。但是，其中的购置旧建筑物、旧设备的价值和土地征用、购置及迁移补偿费是包括在全社会固定资产投资中的费用，这些费用不属于固定资本形成总额，所以在计算固定资本形成总额时需要扣除。因此上述项目只是从计算固定资本形成总额的需要出发设置的，不是严格意义上的固定资本形成总额分类（国家统计局国民经济核算司，2007；2008）。

2008年第二次经济普查年度将固定资本形成总额划分为住宅、非住宅建筑物、机器和设备、土地改良支出、矿藏勘探费、计算机软件和其他7个类别（国家统计局国民经济核算司，2011）。这是真正

---

① 在《中国经济普查年度国内生产总值核算方法》（国家统计局国民经济核算司，2007）中，农村居民消费支出和城镇居民消费支出都没有包括保险服务消费，这里是根据《中国非经济普查年度国内生产总值核算方法》（国家统计局国民经济核算司，2008）补充进去的。

意义上的固定资本形成总额的细分类。2008年至2015年,GDP使用核算中的固定资本形成总额核算一直采用这一分类(国家统计局国民经济核算司,2013;2016)。

2016年,国家统计局开展研发支出核算方法改革,固定资本形成总额核算在上述分类基础上增加了一个类别:研究与开发(许宪春等,2016)。

第四节 GDP核算方法的改革

GDP核算方法的改革主要包括两大方面:一是由于开展了一系列普查和统计调查制度改革,丰富和规范了资料来源,GDP核算方法相应地得到改进和完善;二是根据经济发展出现的新情况、宏观经济分析和管理产生的新需求以及国际标准的新建议,改革GDP核算方法。这里主要阐述GDP核算方法第二方面的改革。

一、计算机软件支出核算方法的改革

随着信息技术的不断进步,中国的信息化水平不断提升。计算机软件作为提升信息化水平的重要动力,在经济发展中发挥越来越重要的作用。在过去的GDP核算中,与计算机硬件同时购买的计算机软件支出作为固定资本形成处理,而由于缺乏资料来源,单独购买的计算机软件支出没有作为固定资本形成处理。这种处理方法没有反映出计算机软件在提升信息化水平和促进经济发展方面的重要作用,与国民经济核算国际标准的处理方法不一致。

2004年,第一次经济普查年度,国家统计局根据1993年SNA的建议,对计算机软件支出核算方法进行了改革,将从市场上购买的计算机软件支出从中间投入调整为固定资本形成计入GDP(国家统计局国民经济核算司,2007)。这项改革有利于引导地方政府、企业、科研机构和高校加大计算机软件的投入力度,推动计算机软件在提升信息化水平和促进经济发展中发挥更加重要的作用。

二、研究与开发支出核算方法的改革

改革开放以后,中国经济迅速发展,实力不断增强,同时也积累了一些突出的矛盾和问题,资源红利和人口红利逐渐减少。创新和技术进步对于提高劳动生产率、资本和资源使用效率具有重要作用,因而成为应对资源和人口问题的重要手段,成为推动经济高质量发展的重要驱动力,而研究与开发是推动创新和技术进步的有效措施。

2015 年 3 月,中共中央、国务院印发《关于深化体制机制改革加快实施创新驱动发展战略的若干意见》,明确要求"改进和完善国内生产总值核算方法,体现创新的经济价值"。2016 年,为了贯彻落实党中央、国务院的决策部署,促进创新驱动发展战略的深入实施,更好地反映创新和技术进步对中国经济发展的驱动作用,推动 GDP 核算与新的国际标准接轨,国家统计局根据 2008 年 SNA 的建议,对研发支出核算方法进行了改革,将能够为所有者带来经济利益的研发支出不再作为中间投入,而是作为固定资本形成计入 GDP(许宪春等,2016)。

这项改革具有重要的导向和激励作用,有利于引导地方政府、企业、科研机构和高校加大研发投入力度,从而推动创新和技术进步,使之在经济发展、提质增效和转型升级中发挥越来越重要的驱动作用。

三、间接计算的金融中介服务核算方法的改革

金融业是国民经济不可或缺的重要组成部分。随着金融市场的快速发展,金融业在国民经济中的地位日益提升。间接计算的金融中介服务是指金融机构通过吸收存款、发放贷款的方式提供的金融服务。对于这种服务,金融机构不是向存款人和借款人直接收取服务费用,而是通过贷款利率高于存款利率的方式间接地收取服务费用。1993 年 SNA 采用金融机构获取利差的方式核算间接计算的金融中介服务价值,2008 年 SNA 改为采用参考利率的方式核算相应的服务价值。

2008年，国家统计局对间接计算的金融中介服务价值核算方法进行了改革，采用了2008年SNA建议的方法。这项改革更好地反映了中国金融业的发展及其在国民经济发展中的作用，实现了金融业增加值核算方法和数据的国际可比性。

四、季度 GDP 核算方法的改革

1992年，中国建立了季度GDP核算制度，当时采取的是累计的核算方法。

季度GDP核算比年度GDP核算能够更加及时地反映经济的短期运行状况，在经济形势分析和经济政策制定中发挥了重要作用。例如，受亚洲金融危机的冲击，1998年一季度GDP增长速度由上年同期的10.1%迅速回落到7.3%，国家及时采取了积极的财政政策和货币政策。

随着经济形势的迅速变化，尤其是2008年国际金融危机的爆发，经济形势分析和经济政策制定对季度GDP核算提出了更高的要求。为了满足这种需要，也为了提高季度GDP核算的国际可比性，2015年，国家统计局对季度GDP核算方法进行了改革，将累计方法改为分季方法。与累计方法相比，分季方法核算的GDP数据能够更准确地衡量当季的经济活动，能够更灵敏地捕捉经济的短期波动信息，从而为经济形势分析和经济政策制定提供更好的数据支撑。

五、地区生产总值核算方法的改革

自从1985年开展生产总值核算，中国一直采取分级核算制度，即国家统计局核算国家GDP，各省（自治区、直辖市）统计局核算本地区生产总值。

随着以地区生产总值作为主要指标的政绩考核评价体系的实施和中国经济规模的持续扩大，分级核算制度的弊端逐渐暴露出来。突出表现为，地区生产总值数据与国家GDP数据不衔接，地区生产总值汇总数据长期高于国家 GDP 数据，这在一定程度上影响了地区生产总值数据的准确性和权威性。

党的十八届三中全会通过的《中共中央关于全面深化改革若干重大问题的决定》提出，要加快建立国家统一的经济核算制度。这是提高统计数据的真实性，提高宏观调控的科学性和有效性，推进国家治理体系和治理能力现代化，完善发展成果考核评价体系，增强政府统计公信力的重要保障，也是推动经济高质量发展的必然要求。

国家统计局按照党中央的决策部署，实施了地区生产总值统一核算改革。这项改革主要体现在三个方面：一是改革核算主体。由国家统计局统一组织、领导和实施，各省（自治区、直辖市）统计局参与地区生产总值核算。二是完善核算机制。国家统计局统一领导地区生产总值统一核算工作，组织各省（自治区、直辖市）统计局制定地区生产总值核算方法，制定和规范统一核算工作流程。三是规范数据公布。各地区生产总值数据由国家统计局统一公布或授权各地区统计局公布。这项改革实现了地区生产总值汇总数据与国家 GDP 数据之间的基本衔接，提高了地区生产总值数据质量，对于地区与全国规划目标的衔接和区域发展政策的制定起到重要的基础作用。

第五节　GDP 核算方法进一步改革探讨

与国民经济核算国际标准和发达国家相比，中国 GDP 核算还存在若干差距，需要进一步改革和发展。随着科技的不断进步，创新能力的不断提升，经济发展不断出现新的情况，经济分析和管理不断产生新的需求，中国 GDP 核算也需要进一步改革和发展。

随着互联网、物联网、大数据、云计算等数字化技术的迅速发展，要对统计调查方法进行不断改革，进一步改进和规范 GDP 核算的资料来源，弥补传统资料来源的不足。随着新的经济活动不断产生,GDP核算的基本分类,包括GDP生产核算的行业分类和三次产业分类以及GDP使用核算的需求项目分类需要进一步修订,以反映出新经济新动能对经济增长、经济规模和经济结构产生的影响。为了更好地适应经济发展产生的新情况,实施国民经济核算国际标准,缩小与发达国家的差距,GDP核算方法需要进一步改革,以进一步提高GDP核算方法和数据的科学性和国际可比性,进一步满足经济分析和管理产生的新需求。本部分重点探讨中国GDP核算方法的进一步改革。

一、计算机软件支出核算方法的进一步改革

计算机软件是国民经济核算国际标准中知识产权产品的重要组成部分,其支出应当作为固定资本形成处理。从第一次经济普查开始,中国GDP核算已经将从市场上购买的计算机软件作为固定资本形成处理,但是由于缺乏资料来源的支撑,企业、高校和科研机构自己研制自己使用的计算机软件的支出还没有作为固定资本形成处理。为了更加全面地反映计算机软件在经济发展中的作用,更好地实施国际标准,进一步提高中国GDP核算方法和数据的国际可比性,需要针对企业、高校和科研机构自己研制自己使用的计算机软件支出研究建立统计调查制度,对计算机软件支出核算方法作进一步改革。

二、数据库支出核算方法的改革

数据库也是国民经济核算国际标准中知识产权产品的重要组成部分,其支出应当作为固定资本形成处理。由于数据库的范围和核算方法的研究还不够成熟,统计调查制度的建立还存在困难,缺乏具有可操作性的核算方法和资料来源的支撑,中国GDP核算还没有将数据库支出作为固定资本形成处理。

为了客观地反映数据库在经济发展中的作用,更好地实施国际标准,进一步提高中国GDP核算方法和数据的国际可比性,需要对数

据库的范围、资料来源和核算方法进行深入研究，条件成熟时逐步将数据库支出作为固定资本形成计入 GDP。

三、数据支出核算方法的改革

随着数字化技术的迅速发展，人类收集、存储、加工处理和分析应用数据的能力大幅度提升，从而促进了数据的迅速积累，并在经济社会发展中发挥越来越重要的作用。在 GDP 核算中如何对数据支出进行处理，是一个非常重要的基础性工作，也是一个尚未破解的国际性难题。

中国互联网、物联网、大数据、云计算等数字化技术发展迅速，数据在企业生产经营、政府治理和居民生活中正在发挥越来越大的作用，加强数据支出核算方法研究，具有更加重要的现实意义。党的十九届四中全会首次将数据纳入生产要素并强调形成其收入分配机制。要探索数据资产的统计范围、基本特征、基本分类、资料来源和估价方法，为数据支出核算方法改革提供科学依据，为相应的经济管理和决策提供科学依据（许宪春等，2021）。

四、互联网提供的免费或价格低廉服务的核算方法的改革

数字化转型背景下企业盈利模式不断创新，许多互联网企业通过向居民提供大量的免费或者价格低廉的服务来吸引客户，通过广告、游戏等方式实现盈利。这种新型的盈利模式改变了传统企业直接利用产品销售收入弥补自身生产经营成本的盈利机制，使得免费或者价格低廉的服务的生产性隐藏在企业盈利模式的创新架构中，现有 GDP 核算未能将其充分反映出来，从而出现低估。

要结合我国互联网新型盈利模式的发展实践，探讨免费服务的范围、类型与特征、资料来源和估价方法，特别是探索运用大数据估算互联网提供的免费或者价格低廉的服务价值，使得这些服务的生产和使用在 GDP 中得到客观反映（许宪春等，2021）。

五、改进价格指数编制方法完善不变价 GDP 核算

随着数字化技术的迅速发展,新产品不断涌现,产品的质量和性能大幅提升,但是价格却不断下降。产品质量变化属于物量变化范畴,产品质量提升对应的价格变化不应反映在价格指数中。由于目前在有关价格指数编制中未剔除由质量变化引起的价格变动,从而导致相应的价格指数存在高估。

我国不变价 GDP 核算以价格指数缩减法为主,有关价格指数编制中未剔除由质量变化引起的价格变动所导致的高估,会导致不变价 GDP 被低估,进而实际经济增长率被低估。需要改进价格指数编制方法,将质量变化因素从价格指数中剥离出来,还原真实价格变化水平,进而完善不变价 GDP 核算方法,保证实际经济增长率客观地反映数字化技术迅速发展条件下经济增长的实际情况。

六、城镇居民自有住房服务价值核算方法的改革

居民自有住房与租赁住房的比率,在不同的国家之间,同一国家不同时期之间都是不同的。不对居民自有住房服务价值进行核算,住房服务的生产和消费的国际比较和历史比较就会失去意义。

居民自有住房服务价值有两种基本核算方法:一是市场租金法,即按市场上相同类型、相同大小、相同质量和相似地理位置的住房租金核算。这种方法适用于存在规范的住房租赁市场的国家。二是成本法,即按居民自有住房服务的成本核算。其中的成本一般包括居民自有住房的维护修理费、物业管理费和固定资产折旧。这种方法适用于住房租赁市场不规范的国家。

中国现行居民自有住房服务价值核算采用成本法,即

居民自有住房服务价值 = 维护修理费 + 物业管理费 + 固定资产折旧

随着我国经济的快速发展,城镇化进程不断加快,我国城镇居民住房需求迅速增长,房地产市场快速发展,房价和房租迅速上升,成

本法导致城镇居民自有住房服务价值被低估。城镇居民自有住房服务价值的低估导致房地产业增加值、第三产业增加值、居民可支配收入和居民消费支出的低估。

目前，中国城镇房屋租赁市场逐渐成熟，因此，有必要对现行核算方法进行改革，引进国际上广泛使用的市场租金法核算城镇居民自有住房服务价值，从而有利于客观反映房地产业增加值、第三产业增加值、居民可支配收入和居民消费支出，进而有利于客观地反映第三产业增加值比重、居民可支配收入比重和居民消费率。

国家统计局利用住户抽样调查取得的房屋租金、住房面积等数据以及人口统计数据，试算了城镇居民自有住房服务价值。引进市场租金法，改革城镇居民自有住房服务价值核算方法的条件逐渐成熟。因此，这项改革应当尽快实施。

第六节　总结

经济在不断发展，反映经济运行情况的重要指标 GDP 核算也需要不断改革和发展。

自从建立 GDP 核算制度以来，国家统计局开展了一次第三产业普查、四次经济普查和七次全国投入产出调查；开展了工业统计、服务业统计、住户调查、企业一套表联网直报等一系列统计调查制度改革。这些普查和统计调查制度改革，不断改进和规范 GDP 核算的资料来源，提高了资料来源的可靠性。

自从建立 GDP 核算制度以来，国家统计局依据国民经济行业分类国家标准的修订、其他有关分类标准的制定和修订、经济分析和管理需求以及资料来源的变化，对中国 GDP 生产核算的行业分类进行过四次重要修订，对三次产业分类进行过三次重要修订；对 GDP 使用核算中的居民消费支出分类进行过四次重要修订，对固定资本形成总额分类进行过一次重要修订。这些基本分类的修订不断改进和细化了 GDP 核算的基本分类，使其更好地反映了经济结构的发展变化。

自从建立 GDP 核算制度以来，国家统计局针对一系列普查和统计调查制度改革所形成的资料来源的变化，不断改进 GDP 核算方法。同时，根据经济发展出现的新情况、经济分析和管理产生的新需求和国际标准的新建议，对 GDP 核算方法进行不断改革，其中比较重要的改革包括：计算机软件支出、研究与开发支出、间接计算的金融中介服务、季度 GDP、地区生产总值等核算方法的改革。

上述资料来源的改进和规范、基本分类的修订和核算方法的改革提高了中国 GDP 核算的科学性、可靠性和国际可比性，使之在经济形势分析和经济政策制定方面发挥了重要作用。总结这些资料来源的改进和规范、梳理这些基本分类的修订和阐述这些核算方法的改革，对于使用中国 GDP 数据分析经济形势和制定经济政策的学者和官员具有参考价值。

由于与国民经济核算国际标准和发达国家之间仍然存在一定的差距，以及经济发展不断产生新的情况，经济分析和管理不断产生新的需求，本章对中国 GDP 核算中的计算机软件支出、数据库支出、数据支出、互联网提供的免费或价格低廉的服务、城镇居民自有住房服务价值等核算方法的进一步改革进行了探讨。这些探讨对政府统计部门进行相应的改革具有参考意义。

参考文献

[1] 国家标准局. 国民经济行业分类与代码（GB/T 4754-84），1984.
[2] 国家技术监督局. 国民经济行业分类与代码（GB/T 4754-94），1994.
[3] 国家统计局. 国民生产总值统计报表制度，1987.
[4] 国家统计局. 国民生产总值统计报表制度，1988.
[5] 国家统计局. 国民生产总值统计报表制度（1990 年统计年报），1990.
[6] 国家统计局. 国内生产总值、国民收入指标解释及测算方案，1992.
[7] 国家统计局. 国内生产总值指标解释及测算方案，1993.
[8] 国家统计局. 国家统计调查制度 1994，1995.

[9] 国家统计局.关于印发《三次产业划分规定》的通知,国统字〔2003〕14号.
[10] 国家统计局.关于印发《三次产业划分规定》的通知,国统字〔2012〕108号.
[11] 国家统计局.中华人民共和国国家统计局公告,第〔2013〕1号.
[12] 国家统计局.关于修订《三次产业划分规定（2012）》的通知,国统设管函字〔2018〕74号.
[13] 国家统计局国民经济核算司.中国年度国内生产总值计算方法[M].北京:中国统计出版社,1997.
[14] 国家统计局国民经济核算司.中国国内生产总值核算手册,2001.
[15] 国家统计局国民经济核算司.中国经济普查年度国内生产总值核算方法[M].北京:中国统计出版社,2007.
[16] 国家统计局国民经济核算司.中国非经济普查年度国内生产总值核算方法[M].北京:中国统计出版社,2008.
[17] 国家统计局国民经济核算司.中国第二次经济普查年度国内生产总值核算方法2008,2011.
[18] 国家统计局国民经济核算司.中国非经济普查年度国内生产总值核算方法（第一次修订）,2013.
[19] 国家统计局国民经济核算司.中国第三次经济普查年度国内生产总值核算方法2013,2016.
[20] 国家统计局平衡司.国民收入、国民生产总值统计主要指标解释,1990.
[21] 国家质量监督检验检疫总局.国民经济行业分类（GB/T 4754-2002）,2002.
[22] 国家质量监督检验检疫总局、国家标准化委员会.国民经济行业分类（GB/T 4754-2011）,2011.
[23] 国家质量监督检验检疫总局、国家标准化委员会.国民经济行业分类（GB/T 4754-2017）,2017.
[24] 国务院.关于开展全国第三产业普查工作的通知,国发〔1993〕47号.
[25] 国务院.关于开展第一次全国经济普查的通知,国发〔2003〕29号.
[26] 国务院办公厅.国务院办公厅转发国家统计局关于建立第三产业统计的报告的通知,国办发〔1985〕29号.
[27] 国务院办公厅.国务院办公厅关于进行全国投入产出调查的通知,国办发〔1987〕18号.
[28] 许宪春.准确理解中国现行国内生产总值核算[J].统计研究,2019（5）.
[29] 许宪春.中国国民经济核算核心指标的变迁——从MPS的国民收入向SNA的国内生产总值的转变[J].中国社会科学,2020（10）.

[30] 许宪春、张美慧、张钟文.数字化转型与经济社会统计的挑战和创新[J].统计研究,2021(1).

[31] 许宪春、郑学工.改革研发支出核算方法更好地反映创新驱动作用[J].国家行政学院学报,2016(5).

[32] 中共中央、国务院.关于深化体制机制改革加快实施创新驱动发展战略的若干意见,中发〔2015〕8号.

第四次经济普查年度 GDP 核算方法改革研究

国家统计局国民经济核算司副司长

中国国民经济核算研究会理事长　金红

  2018 年开展的第四次全国经济普查（以下简称四经普），为国民经济核算提供了丰富的基础资料。按照我国国民经济核算制度和国际惯例，国家统计局利用四经普资料核算了 2018 年经济普查年度国内生产总值（GDP），对 GDP 历史数据进行了全面修订。在这个过程中，国家统计局采用新的国民经济核算体系，充分吸收近年来 GDP 核算改革成果，进一步改进和完善了经济普查年度 GDP 核算方法。本文围绕四经普年度 GDP 核算方法的改革情况，从四个方面介绍有关内容：一是我国 GDP 核算制度基本情况；二是四经普为满足国民经济核算需求所做的改进；三是四经普年度 GDP 核算方法的主要变化；四是核算结果及分析。

第一节　中国 GDP 核算制度基本情况

一、核算频率与核算步骤

  GDP 是国民经济核算的核心指标，也是宏观决策的重要依据，需要具有较高的时效性和准确性。为了满足时效性要求，目前我国以季度为核算频率，按季核算 GDP；为了确保数据的准确性，又将 GDP 核算分为初步核算与最终核实两个核算步骤，通过最终核实对 GDP 初步核算数据进行修订（国家统计局，2017）。

季度 GDP 初步核算时效性较强，一般在季后 15 天左右公布。由于此时无法获得 GDP 核算所需的全部基础资料，因此季度核算主要利用专业统计进度资料和相关指标推算得到。目前，我国季度 GDP 核算采用分季核算方式，即分别核算各个季度的 GDP，再累加得到累计 GDP。年度 GDP 初步核算数，就是在完成四季度 GDP 初步核算之后，将当年四个季度的 GDP 初步核算数累加得到的结果。

最终核实一般在次年年底前，获取了更加完整的基础资料（例如，专业统计年报、行业财务资料和财政决算资料）之后进行，主要目的是进一步提高 GDP 数据的准确性，更加准确地反映经济发展实际情况。最终核实过程中，首先对年度 GDP 进行最终核实，即对年度 GDP 初步核算数进行修订。然后，再根据年度 GDP 最终核实结果，对四个季度的 GDP 初步核算数进行修订。

2018 年四经普年度 GDP 核算，是对 2018 年 GDP 的最终核实，也是对 2018 年 GDP 初步核算数的修订。同时，经济普查也是修订历史数据的重要契机。根据我国国民经济核算制度，在开展全国经济普查等重大国情国力调查时，发现对 GDP 数据有较大影响的新的基础资料，或计算方法及分类标准发生变化后，就要对 GDP 历史数据进行修订（国家统计局，2017）。因此，在完成 2018 年四经普年度 GDP 核算之后，还要对三经普以来的年度和季度 GDP 历史数据进行修订。

二、核算方法

GDP 核算有三种方法，即生产法、收入法和支出法。季度核算与年度核算使用的核算方法有一定区别。

季度 GDP 核算主要采用生产法和支出法，对外发布时以生产法核算结果为主。在生产法核算中，受基础资料的限制，现价增加值主要采用增加值率法、相关价值量指标推算法、价格指数推算法等方法核算，不变价增加值主要采用价格指数缩减法和相关物量指数外推法核算。

年度 GDP 核算则分别采用生产法、收入法和支出法。对外发布的最终核实数是通过生产法和收入法混合计算的结果。具体来说，农林牧渔业增加值采用生产法核算，即利用总产出减去中间投入得到增加值；其他行业的增加值则通过收入法核算，即先核算劳动者报酬、生产税净额、固定资产折旧、营业盈余四个构成项，再加总得到增加值。

经济普查年度 GDP 核算同样采用生产法、收入法和支出法。与非经济普查年度不同的是，由于经济普查提供了比常规年度调查更为完整丰富的基础资料，因此经济普查年度 GDP 核算方法与非经济普查年度 GDP 核算方法存在较大区别。主要表现在，非经济普查年度 GDP 由于缺少非一套表单位的全面调查资料，核算过程中仍然采用了一些推算方法，而经济普查年度 GDP 则采用经济普查资料直接核算。

第二节　第四次经济普查为满足国民经济核算需求所做的改进

2018 年第四次全国经济普查，是在国民经济核算改革攻坚阶段，全力实施三大核算[①]改革之际开展的一次经济普查。为了更好地满足国民经济核算对基础数据的需求，四经普在调查表式和调查内容上都做出了较大改进（国家统计局，2018）。

一是增设了普查表式。经济普查的普查对象可以分为一套表单位、非一套表单位、个体经营户、部门普查单位。其中，由于一套表单位已经有较为健全的常规年度调查制度，因此经济普查的重点任务之一，

---

① 党的十八届三中全会通过的《中共中央关于全面深化改革若干重大问题的决定》指出，加快建立国家统一的经济核算制度、编制全国和地方资产负债表、探索编制自然资源资产负债表，这是党中央提出的三项重大国民经济核算改革任务，简称三大核算改革。

就是获取非一套表单位、个体经营户、部门普查单位的财务资料。为了满足国民经济核算的需求,四经普根据非一套表单位、部门普查单位的不同特点,有针对性地增设了普查表式。具体来说,对非一套表单位增设了企业法人从业人员情况普查表、主要经济指标普查表,行政事业单位主要经济指标普查表,民间非营利组织主要经济指标普查表;对部门负责普查的金融业和铁路运输业法人单位,结合不同行业的特点,设计了详细的普查表式,例如,对于证监会管理的证券公司、基金公司、期货公司都设置了专门的报表。

二是丰富了调查指标。为了满足国民经济核算的需要,四经普进一步丰富了调查指标。对于一套表单位,针对资产负债核算的需要,进一步细化了资产类调查指标。对于非一套表单位和部门普查单位,为新增的每一张普查表式都设计了科学详细的调查指标。对于个体经营户,也在三经普调查表式的基础上,适当增加了调查指标。这些新增的调查指标不但丰富了四经普成果,也为研究改进普查年度GDP核算方法创造了条件。

三是加强了产业活动单位调查。在调查单位基本情况表的基础上,增设了多产业法人单位下属的产业活动单位情况普查表,增加了产业活动单位所属地区、所属行业以及主要财务指标等调查内容。同时,开发了跨行业产业活动单位汇总表、异地产业活动单位汇总表等汇总程序,实现了大批量汇总表的快速汇总,较好地满足了国内生产总值与地区生产总值核算的需求。

第三节　第四次经济普查年度 GDP 核算方法的主要变化

第四次全国经济普查丰富的调查内容,为开展经济普查年度 GDP 核算提供了基础数据保障。在此基础上,国家统计局根据2017年印发的《中国国民经济核算体系(2016)》(以下简称2016年 CSNA),

同年颁布的《国民经济行业分类（GB/T 4754-2017）》，以及 2018 年修订的《三次产业划分规定》，充分吸收近年来 GDP 核算改革的成果，结合经济发展中出现的新情况、新特点，对经济普查年度 GDP 核算方法做了进一步的改进完善。与三经普年度 GDP 核算方法和非经普年度 GDP 核算方法相比，四经普年度 GDP 核算方法主要有以下几个方面的变化（国家统计局国民经济核算司，2020）。

一、全面实施新核算体系

四经普年度 GDP 核算全面实施了 2017 年印发的 2016 年 CSNA，采用了新体系中的基本概念、核算范围和基本分类。

在基本概念方面，全面引入知识产权产品概念，把研究与开发作为固定资产，把研发支出从中间投入调整为固定资本形成计入 GDP；引入实物社会转移和实际最终消费概念。

在核算范围方面，扩展了生产范围，明确将生产者（不包括住户部门）为了自身最终消费或固定资本形成而进行的知识载体产品的自给性生产纳入生产范围。

在基本分类方面，采用了新的国民经济行业分类国家标准；增加了产品分类，将《统计用产品分类目录》作为国民经济核算的基本分类；修订了交易项目分类，包括 GDP 支出项目分类、非金融资产分类和金融资产分类。

二、全面采用新行业分类标准

2017 年国家标准管理部门颁布了《国民经济行业分类（GB/T 4754-2017）》（国家质量监督检验检疫总局等，2017）。新的行业分类标准进一步优化了行业分类，增加了反映新兴经济活动的细分行业，与国际标准的契合程度进一步提高。根据新行业分类标准的行业调整情况，国家统计局还于 2018 年对《三次产业划分规定》进行了修订。

新修订的行业分类标准和三次产业分类标准，为 GDP 核算提供了新的行业分类和三次产业分类依据。但是由于缺少基础资料，GDP核算的行业分类并没有在新标准颁布后立即进行修订。2018年四经普完全采用新的行业分类标准，获得了详尽的关于调查单位行业分类的基础数据，为修订GDP核算行业分类创造了条件。利用四经普数据，四经普年度GDP核算采用新的行业分类标准和三次产业分类标准，按照1381个（包括居民自有住房服务，不包括国际组织）行业小类分别核算行业增加值，并在此基础上修订了1952年以来的各行业增加值历史数据，为常规年度GDP核算、派生产业增加值核算以及分所有制核算等奠定了良好的基础。

三、改进增加值核算方法

根据新的国民经济核算体系，依托四经普全面丰富的基础资料，四经普年度GDP核算主要从四个方面改进了增加值核算方法。

一是吸收了近年来实施2016年CSNA的改革成果。按照全面实施2016年CSNA的要求，近年来国家统计局对GDP核算方法进行了一系列改革。例如，开展了研发支出核算方法改革，把研发支出从中间投入调整为固定资本形成并计入GDP；改进了间接计算的金融中介服务（FISIM）产出的核算方法，用"参考利率法"计算FISIM产出；细化了支出法GDP核算分类，丰富了资料来源，引入了新的核算指标，实现了支出法和生产法GDP核算数据的衔接。四经普年度GDP核算充分吸收了这些改革成果，对经济普查年度GDP核算方法进行了相应的修订。

二是改进了非一套表单位增加值核算方法。三经普年度GDP核算中，非一套表单位和部门普查单位增加值核算主要采用增加值率法。鉴于四经普针对非一套表单位、部门普查单位增设了专门的普查表式，设计了详细的调查指标，四经普年度GDP核算改为直接使用收入法核算这些单位的增加值。在具体核算过程中，根据非一套表企业法人单位、行政事业单位、民间非营利组织、部门普查单位的不同调查内容，分别制定了不同的核算方法。与三经普相比，四经普年度的核算方法能够更加准确地反映这类单位的实际情况。

三是改进了多产业法人单位和跨地区产业活动单位增加值的调整方法。为了更加准确地反映产业结构和地区经济发展情况，在四经普年度GDP核算过程中，首先按法人单位核算分行业增加值以及地区生产总值，再利用多产业法人单位下属的产业活动单位调查资料，对跨行业的产业活动单位以及跨地区的产业活动单位增加值进行调整。

四是改进了新经济活动产出核算方法。为了更加准确地反映近年来大量涌现的新产业新业态新商业模式，四经普年度GDP核算在广泛调研和深入挖掘普查数据的基础上，改进完善了一些新经济活动的产出核算方法。例如，网约车、在线教育、票务代理等平台型企业往往将消费者支付的费用全额计入自身的营业收入，但是这些服务本身并非由平台型企业提供，根据国民经济核算原理，不能将其全部计入平台型企业产出。利用四经普获得的细分行业数据，四经普年度GDP核算改进了之前使用营业收入核算产出的方法，改为综合利用营业收入和营业支出两个指标核算产出，以更加准确地反映相关行业的生产经营规模。

第四节　核算结果及分析

根据修订后的经济普查年度GDP核算方法，国家统计局完成了2018年四经普年度GDP核算，并于2019年11月发布了主要结果。与以往三个经普年度相比，四经普年度GDP修订幅度进一步降低，但第三产业修订幅度仍然偏大（郭晓雷，2021）。

一、四经普年度GDP修订幅度进一步降低

核算结果表明，2018年GDP为919 281亿元，比初步核算数增加18 972亿元，修订幅度为2.1%。与以往三个经济普查年度相比，四经普年度GDP修订幅度进一步降低。一经普时，GDP修订幅度高

达 16.8%，二经普、三经普的修订幅度分别为 4.4%、3.4%，四经普则缩小至 2.1%，说明普查年度 GDP 与常规年度 GDP 的衔接程度不断提高。

这主要归功于两方面的因素。一方面，是常规统计调查数据质量不断提高。一经普结束以后，国家统计局针对常规年度 GDP 核算基础数据存在的不足，开始建立健全统计调查制度。党的十八大以来，国家统计局进一步推进统计制度方法改革，持续推动统计生产方式变革，大力开展统计督察和执法检查，常规年度 GDP 核算基础数据质量不断提高。另一方面，GDP 核算方法不断改进完善。近年来不断推进的 GDP 核算改革，使得常规年度 GDP 核算方法进一步完善，经济普查年度 GDP 核算充分吸收了这些改革成果，在一定程度上保持了核算方法的延续性和核算结果的衔接性。

二、第三产业增加值修订幅度仍然偏大

从三次产业看，四经普年度第三产业增加值的修订规模为 20 126 亿元，修订幅度为 4.3%，明显超过第一产业、第二产业增加值的修订规模和修订幅度，占 GDP 修订幅度的 106.1%[①]。以往三个经济普查年度也是如此，第三产业增加值修订规模分别为 21 297 亿元、10 853 亿元、13 683 亿元，修订幅度分别为 48.7%、9.0%、5.2%，第三产业增加值修订规模分别占同期 GDP 修订总规模的 92.6%、81.1%、71.4%。

第三产业增加值修订幅度较大的主要原因是我国服务业统计起步相对较晚，在较长一段时间内缺乏健全的常规统计调查制度，同时由于服务业具有行业多、规模小、变化快等特点，统计调查难度较大，核算方法有待完善，因此常规年度核算结果与普查年度核算结果存在较大差异。

---

① 四经普年度第三产业增加值修订幅度超过 100%，是因为修订后的第二产业增加值小于初步核算数，使得 GDP 总体修订幅度小于第三产业增加值修订幅度。

三、与美国相比，我国 GDP 修订幅度较大

尽管我国经济普查年度 GDP 修订幅度正在逐步缩小，但与美国相比仍然偏高。美国商务部经济分析局在历次经济普查之后，也都会对 GDP 数据进行全面修订。最近的四次全面修订分别在 2002 年、2007 年、2012 年、2017 年，GDP 修订幅度分别为 0.3%、2.0%、3.6%、0.5%。其中，2012 年除了根据经济普查数据进行修订，还涉及研发支出资本化核算方法改革，因此 GDP 修订幅度较大。总体来看，我国经济普查年度 GDP 修订幅度大于美国经济普查年度 GDP 修订幅度。

四、数据差异原因分析

普查年度 GDP 数据与常规年度 GDP 数据产生差异的原因，可以从统计调查制度和 GDP 核算方法两个方面进行分析。

从统计调查制度来看，常规年度统计调查制度有待进一步完善。与经济普查相比，常规统计调查制度覆盖范围不够完整，多数行业的个体经营户以及部门行政管理之外的法人单位没有纳入调查范围。规上服务业调查单位划分标准有待优化，按现行划分标准，有些行业中一套表单位对全行业的代表性不高。"四上"调查单位①与"四下"调查单位衔接仍有不足，常规年度"四下"调查结果与经济普查数据存在一定差异。

从 GDP 核算方法来看，常规年度 GDP 核算方法有待进一步改进。受基础资料限制，常规年度 GDP 核算主要使用相关指标以及经济普查年度确定的比例系数推算。但是，有些行业使用的相关指标代表性还不够强，难以全面反映行业发展变化趋势；有些基础数据与核算指标之间的比例关系可能会随着经济发展而发生变化，但在常规年度 GDP 核算过程中难以做到及时更新。

---

① "四上"调查单位，是指规模以上工业企业、有资质的建筑业企业、限额以上批发零售业企业、限额以上住宿餐饮业企业、房地产开发经营业企业、规模以上服务业企业。

为了进一步加强常规年度 GDP 与经济普查年度 GDP 数据之间的衔接，下一步需要在健全常规统计调查制度的基础上，继续改进完善常规年度 GDP 核算方法。一是改进居民自有住房服务核算方法，研究使用租金法核算城镇居民自有住房服务。二是完善不变价 GDP 核算方法，研究编制不变价 GDP 链式物量指数。三是完善支出法 GDP 核算方法，进一步加强支出法 GDP 与生产法 GDP 之间的衔接。四是加强数字经济增加值核算研究，准确反映数字经济的发展规模和水平。

参考文献

[1] 国家统计局. 中国国民经济核算体系（2016）[M]. 北京：中国统计出版社，2017.

[2] 国家质量监督检验检疫总局、国家标准化委员会. 国民经济行业分类（GB/T 4754-2017），2017.

[3] 国家统计局. 第四次全国经济普查方案 [M]. 北京：中国统计出版社，2018.

[4] 国家统计局. 关于修订《三次产业划分规定（2012）》的通知，国统设管函字〔2018〕74 号.

[5] 国家统计局国民经济核算司. 中国第三次经济普查年度国内生产总值核算方法 2013，2016.

[6] 国家统计局国民经济核算司. 中国第四次经济普查年度国内生产总值核算方法 2018，2020.

[7] 国家统计局国民经济核算司. 中国经济普查年度国内生产总值核算方法 [M]. 北京：中国统计出版社，2007.

[8] 国家统计局国民经济核算司. 中国非经济普查年度国内生产总值核算方法 [M]. 北京：中国统计出版社，2008.

[9] 郭晓蕾. 经济普查年度 GDP 数据修订情况浅析 [J]. 中国统计，2021（6）.

[10] 李晓超，等. 中国国民经济核算知识读本 [M]. 北京：中国统计出版社，2020.

第三章

地区生产总值统一核算改革研究

国家统计局国民经济核算司地区处处长　陈希

地区生产总值是一个地区内所有常住单位生产活动的最终成果。它能综合反映一个地区经济规模、结构、速度，并且对于反映区域协调发展，正确研判宏观经济形势及发展变化情况也具有重要作用。地区生产总值统一核算改革是改革原有的分级核算方式，实行省级地区生产总值由国家统计局统一组织领导，各地区共同参与，采用统一的核算方法，进行统一核算，统一公布核算结果，实现地区生产总值与国内生产总值基本衔接。

第一节　地区生产总值核算的发展历程

我国的地区生产总值核算始于20世纪80年代，经过30多年的发展，在不断总结实践经验、深入研究国民经济核算国际标准和借鉴发达国家实践经验的基础上，形成了一系列既符合国际通行标准规范，又具有中国特色的地区生产总值核算制度方法，核算结果在全国和地方经济管理、政策制定、宏观分析和国际交往中发挥越来越重要的作用。

一、地区生产总值核算制度的建立

新中国成立到改革开放初期，为与当时高度集中的计划经济体制相适应，我国主要采用国民收入指标衡量地区经济。国民收入按照苏联物质产品平衡表体系（system of material product balance，缩写为MPS）的理论及方法编制，对物质生产部门的生产活动成果及其使用进行衡量，核算范围是农业、工业、建筑业、商业和交通运输业五大物质生产部门。改革开放后，我国经济体制和经济结构发生了显著变化，服务业迅速发展，原有的国民收入指标越来越难以满足全面衡量宏观经济运行态势和宏观经济管理的需要。为适应改革开放的新形势，20世纪80年代初，国家统计局开始研究和试算联合国国民账户体系下的国内生产总值。1985年，经国务院批准，正式建立国内生产总值和第三产业统计制度，开始在国民收入的基础上计算国内生产总值。1986年，根据国家统计局要求，各省区市开始实施地区生产总值核算。1993年，各地与国家同步停止国民收入核算，地区生产总值成为地区经济核算的主要指标。

二、地区生产总值核算制度的发展

1993年之后，我国地区经济核算与国际通行的国民账户体系逐步接轨，地区生产总值核算制度方法不断完善。1993年，我国开展了第一次全国第三产业普查，首次摸清了我国第三产业发展实际情况。各级统计部门以此为契机，全面核算第三产业增加值，并系统修订了1952年以来的地区生产总值历史数据，第三产业增加值核算的科学性、合理性、完整性和准确性得到很大程度的提升。2004年，我国开展了第一次全国经济普查，全面摸清了第二产业和第三产业发展状况，为完善国民经济核算制度提供了可靠的数据保障。根据国家统计局统一部署，各地采用1993年SNA国际标准，实施居民自有住房服务按成本法核算、间接计算的金融中介服务核算方法等改革，实现地区生产总值核算方法与国际接轨，地区生产总值核算进入一个新的阶段。此后，2008年和2013年又分别开展了全国经济普查，核算所需基础资料越来越丰富翔实，地区生产总值核算水平不断提高。

三、地区生产总值核算存在的问题

前面谈到,自正式建立地区生产总值核算制度开始,我国一直采用分级核算的模式,即国家、省、市、县生产总值由相应各级统计部门分别进行核算。对于国家和省级核算来说,国家统计局核算国内生产总值,各省区市统计局核算本地区生产总值,国家数据不由省级数据汇总得到。在分级核算方式下,由于各地区统计基础资料的来源渠道不尽相同,地区间流入流出和跨地区生产经营活动不容易搞准,特别是政绩考核评价对基础数据干扰等因素的影响,数据上下不衔接问题比较突出。很长一段时期内,国家、省、市、县四级,普遍存在下级平均增速比上一级高的情况,在有的年份各省汇总数增速比国家增速要高2~3个百分点,甚至还一度出现过31个省区市增速都高过国家增速的情况。

为了控制地区生产总值与国内生产总值数据差距,国家统计局采取了很多措施。一是利用全国经济普查的契机,全面摸清国家和地区第二产业和第三产业实际发展情况,按照统一的经济普查年度核算方法,规范地区生产总值核算。二是加强数据审核,通过国家统计局组织各地区联合审核、国家统计局实施审核评估等多种方式,加强对常规年度和季度地区生产总值数据质量评估,提高地区生产总值数据质量。三是不断改进完善核算方法,提高地区生产总值与国内生产总值方法上的一致性,增强地区与国家数据的匹配性。

通过以上多种举措,地区生产总值数据质量逐步得到提升,地区与国家数据不衔接问题得到比较明显的改善。但是,地区生产总值汇总数据与国内生产总值数据差距仍然存在。以2018年初步核算数为例,全国31个省区市的地区生产总值汇总数比国内生产总值多1.4万亿元,总量差率为1.6%,增长速度高0.3个百分点。数据差距不仅引起有关方面对地区数据质量的质疑,影响了政府统计公信力,而且不利于准确把握各地经济形势,影响了宏观经济政策的制定。因此,加快实施地区生产总值统一核算改革势在必行。

第二节 地区生产总值统一核算改革的实施

地区生产总值统一核算改革既是贯彻落实党中央、国务院决策部署的要求，也是提高地区生产总值数据质量的要求。

一、地区生产总值统一核算改革的背景

地区生产总值统一核算改革是党的十八届三中全会部署的重大改革任务。2013年11月12日，党的十八届三中全会审议通过的《中共中央关于全面深化改革若干重大问题的决定》，明确提出"加快建立国家统一的经济核算制度"。党中央、国务院高度重视统计数据质量，习近平总书记、李克强总理等中央领导同志多次指示批示，要求加强顶层设计，认真研究国家和地区生产总值统一核算问题，加快制定地区生产总值统一核算改革方案，积极推进实施统一核算改革，实现地区生产总值与国内生产总值数据之间的衔接。2017年6月26日，习近平总书记主持召开中央全面深化改革领导小组第三十六次会议，审议通过了《地区生产总值统一核算改革方案》，标志着地区生产总值统一核算改革正式启动。2017年7月30日，中共中央办公厅、国务院办公厅正式印发《地区生产总值统一核算改革方案》，明确规定了地区生产总值统一核算改革的总体要求、主要内容，统一核算的资料来源、数据修订与公布、组织实施等，决定利用开展第四次全国经济普查的契机，于2019年实施地区生产总值统一核算改革。实施改革后，地区生产总值按照统一的核算方法，遵循真实准确、规范统一和公开透明的原则进行核算，并统一公布核算结果，准确反映地区经济的规模、结构和速度。

二、地区生产总值统一核算改革的实施过程

地区生产总值统一核算改革，首先以第四次全国经济普查为契机，对2018年地区生产总值初步核算数进行修订，然后再以修订后

的 2018 年地区生产总值为基础，针对 2019 年地区生产总值，开展季度和非经济普查年度地区生产总值统一核算。具体组织实施分三步走：

第一步，2019 年年底前，开展了地区生产总值统一核算改革实施前的各项准备工作。一是加大地区生产总值数据审核评估力度，控制和缩小地区生产总值汇总数与国内生产总值差距；二是组织各省区市统计机构和有关部门，共同研究制定《地区生产总值统一核算实施方案》，明确改革的基本原则、目标要求、工作机制、实施步骤、基本核算方法、组织方式、质量控制、数据修订与公布等内容；三是开展改革前的试算工作，实施"双轨制"试算，2019 年年初到前三季度继续按照原方法核算季度地区生产总值，同时开展统一核算试算工作。

第二步，统一组织经济普查年度地区生产总值核算。2019 年年底，利用 2018 年第四次全国经济普查数据及其他相关基础资料，对 2018 年年度地区生产总值初步核算数进行修订，实现经济普查年度地区生产总值汇总数与国内生产总值的基本衔接。同时，开展地区生产总值历史数据修订。

第三步，实施季度地区生产总值统一核算。2020 年 1 月，统一核算 2019 年 1～4 季度地区生产总值初步核算数，开始季度地区生产总值统一核算，实现了季度地区生产总值汇总数与国内生产总值的基本衔接。2020 年底，国家统计局统一组织对 2019 年年度地区生产总值初步核算数进行最终核实，开始非经济普查年度地区生产总值统一核算，实现了非经济普查年度地区生产总值汇总数与国内生产总值的基本衔接。由此，形成了全面规范的地区生产总值统一核算制度。2020 年后，开始全面实施年度和季度地区生产总值统一核算，截至 2021 年 5 月，国家统计局已经组织各省区市统计局，共同开展了 6 次季度统一核算，1 次普查年度统一核算和 1 次非普查年度统一核算。

第三节　地区生产总值统一核算的具体方法

地区生产总值核算有三种方法：生产法、收入法和支出法。其中，支出法需要统计货物和服务净出口，而地区间货物和服务流入、流出统计难度较大，这就使得支出法在进行地区生产总值核算时并不适用。因此，核算地区生产总值常常使用生产法和收入法，对地区生产总值统一核算也是按生产法和收入法要求的。根据核算所需基础资料的详细程度和时效性不同，地区生产总值统一核算分为季度统一核算和年度统一核算，其中，年度统一核算又分为经济普查年度统一核算和非经济普查年度统一核算。不同时间的统一核算都是在统一规范的核算方法基础上，先核算分行业增加值，再汇总得到地区生产总值，并实行分行业增加值和地区生产总值汇总数据与国家数据差距的控制衔接。

一、季度核算方法

季度地区生产总值核算采用累计方式，即按照1季度、1～2季度、1～3季度、1～4季度核算。季度地区生产总值采用"先行业、后综合"的方法，行业分类依据《国民经济行业分类》（GB/T 4754—2017）确定，包括19个门类行业，其中部分门类行业可进一步细分，在最细层次上共包括35个行业。各行业增加值核算包括现价核算和不变价核算。受基础资料的限制，季度地区生产总值主要采用相关指标推算。

（一）现价增加值核算方法

季度现价增加值核算主要采用速度推算法和价格指数推算法。

速度推算法适用于季度核算中先计算现价增加值再计算不变价增加值的行业，基本思路是，先利用当期相关指标现价增长速度和全国统一的换算系数，计算当期现价增加值增长速度，然后再利用上年同期现价增加值和当期现价增加值增长速度，计算当期现价增加值。

例如，农林牧渔业现价增加值核算就采用了速度推算法，计算公式为：

当期农林牧渔业现价增加值

＝上年同期农林牧渔业现价增加值×

（1+当期农林牧渔业现价增加值增长速度）

当期农林牧渔业现价增加值增长速度

＝当期农林牧渔业现价总产值增长速度×

统一换算系数

价格指数推算法适用于季度核算中先计算不变价增加值再计算现价增加值的行业，基本思路是，先利用当期不变价增加值发展速度和价格指数计算当期现价增加值发展速度，然后再利用上年同期现价增加值和当期现价增加值发展速度，计算当期现价增加值。

例如，工业分三个门类的现价增加值的核算采用价格指数推算法，这里我们以制造业为例，其现价增加值的计算公式为：

当期制造业现价增加值

＝上年同期制造业现价增加值×

（1+当期制造业现价增加值增长速度）

当期制造业现价增加值增长速度

＝（1+当期制造业不变价增加值增长速度）×

当期制造业工业生产者出厂价格指数 -1

当期制造业不变价增加值增长速度

＝当期规模以上制造业不变价增加值增速×统一换算系数×

规模以上制造业增加值占比+

当期规模以下制造业增加值增速 ×

统一换算系数 ×（1－规模以上制造业增加值占比）

（二）不变价增加值核算方法

季度不变价增加值核算主要采用价格指数缩减法和物量指数推算法。

价格指数缩减法适用于季度核算中先计算现价增加值再计算不变价增加值的行业，基本思路是，先利用相关价格指数缩减现价增加值发展速度，计算不变价增加值发展速度，然后再利用上年同期不变价增加值和当期不变价增加值发展速度，计算当期不变价增加值。

例如，建筑业不变价增加值采用价格指数缩减法来计算，计算公式为：

当期建筑业不变价增加值

＝上年同期建筑业不变价增加值 ×

当期建筑业不变价增加值发展速度

当期建筑业不变价增加值发展速度

＝当期建筑业现价增加值发展速度 ÷

当期全国建筑业缩减指数

物量指数推算法适用于季度核算中先计算不变价增加值再计算现价增加值的行业，基本思路是，先利用当期相关物量指标不变价增长速度和全国统一的换算系数，推算当期不变价增加值增长速度，然后再利用上年同期不变价增加值和当期不变价增加值增长速度，计算当期不变价增加值。

例如，邮政业不变价增加值核算采用物量指数推算法，其计算公式为：

当期邮政业不变价增加值

＝上年同期邮政业不变价增加值 ×

(1+当期邮政业不变价增加值增长速度)

当期邮政业不变价增加值增长速度

＝当期邮政行业业务总量增长速度 × 统一换算系数

二、年度核算方法

（一）经济普查年度核算方法

经济普查年度地区生产总值核算，利用经济普查获得的丰富翔实的基础资料和其他有关资料，按照生产法和收入法直接核算各行业增加值，并对跨地区经济活动进行核算调整后，汇总形成地区生产总值。

生产法是从生产的角度衡量核算期内新创造价值的一种计算方法。即从生产的全部货物和服务价值中，扣除生产过程中投入的中间货物和服务价值，得到增加值。将国民经济各行业生产法增加值相加，得到生产法地区生产总值。收入法是从生产过程形成收入的角度反映最终成果的一种计算方法。按照这种计算方法，增加值由劳动者报酬、生产税净额、固定资产折旧和营业盈余四部分组成。国民经济各行业收入法增加值之和等于收入法地区生产总值。

跨地区经济活动的核算调整是地区生产总值核算的特殊处理，为了客观反映各地区经济发展情况，在进行地区生产总值核算时，需要按照常住原则，对异地产业活动单位总产出和增加值进行核算与调整，即跨地区活动调整。多产业法人企业单位所属异地产业活动单位分两种情况：一是法人企业单位在本地，所属产业活动单位在异地；二是产业活动单位在本地，归属法人企业单位在异地。符合常住原则的分地区分行业总产出和增加值需要剔除"法人企业单位在本地，所属产业活动单位在异地"的总产出和增加值，加上"产业活动单位在本地，归属法人企业单位在异地"的总产出和增加值。通过多产业法人企业单位所属异地产业活动单位增加值核算，形成各地区多产业法人企业单位所属异地产业活动单位增加值，见表3-1。

表 3-1　各地区多产业法人企业单位所属异地产业活动单位增加值

		北京	天津	…	宁夏	新疆
		1	2		30	31
农业	1	VV 1,1	VV 1,2		VV 1,30	VV 1,31
林业	2	VV 2,1	VV 2,2			
畜牧业	3	……	……			
……		……	……			
娱乐业	90	VV 90,1			VV 90,30	
公共管理、社会保障和社会组织	91	VV 91,1				VV 91,31

（二）非经济普查年度核算方法

非经济普查年度，可收集到各有关部门的年度报表、行政记录、财务资料，以及统计部门专业统计和抽样调查数据资料，地区生产总值核算所需资料相对丰富，但没有普查年度那样充分翔实，部分资料存在缺失，如规模以下服务业、个体工商户的经营状况和财务资料等。因此，非经济普查年度地区生产总值核算中，各行业增加值以生产法、收入法为主，辅之以外推法、相关指标推算法等。

生产法、收入法应用于基础资料健全的行业，利用基础资料直接计算其总产出和增加值。例如，农林牧渔业现价增加值按生产法核算，即通过总产出减去中间投入得到。计算公式为：

$$\begin{aligned}增加值 &= 不含研发的增加值 + 本行业分摊的研发活动增加值\\ &= 总产出 - 中间投入 + 本行业分摊的研发活动增加值\\ &= 总产值 - 中间消耗 + 本行业分摊的研发活动增加值\end{aligned}$$

其中，总产值和中间消耗取自农村司相关资料。

外推法应用于基础资料相对健全的行业，利用基础资料和普查年度增加值比重等核算增加值。相关指标推算法应用于基础资料不太健全的行业，利用有关基础资料和能够反映行业发展的代表性指标的增长速度等核算增加值。例如，住宿业现价增加值的计算公式为：

当年住宿业现价增加值

＝（上年住宿业现价增加值÷上年住宿业营业额）×

当年住宿业营业额

这里需要说明的是，地区生产总值数据要以国内生产总值数据为基准，实现地区生产总值与国内生产总值基本衔接。在利用基础数据按照经济普查年度、非经济普查年度和季度核算方法得到各地区分行业增加值和生产总值后，如果出现地区汇总数据超出国家一级相应指标核算数据的合理范围，针对差距大的行业增加值，要根据相关指标和基础资料、各地区该行业增加值所占份额等情况进行审核评估和调整，将地区汇总数据与国家数据之间的差距控制在合理区间，确保地区分行业增加值、生产总值的汇总数据与国家一级相应数据的基本衔接。

当然，无论是季度还是年度核算方法都不是一成不变的，需要根据核算过程中出现的新情况新问题及时完善，一般来说，季度和年度核算方法需要每年进行修订，提高方法的科学性和规范性。比如，2021年年初，在一季度地区生产总值统一核算工作开始前，我们组织各省区市统计局，通过视频研讨会形式开展了四场线上调研活动，针对季度核算方法向各地区征求意见。在广泛征求各方面意见并认真研究吸收的基础上，修订形成了《2021年季度地区生产总值统一核算方案》，用于规范2021年各季度地区生产总值统一核算。与原季度统一核算方法相比，修订后的季度统一核算方法在三个方面有所改进。一是在基础指标和核算方法方面与全国核算更加统一，有助于确保地区生产总值汇总数与国内生产总值数据的基本衔接；二是部分行业增加值核算方法更能体现在地核算原则；三是部分行业相关核算基础指标代表性更强。

第四节 地区生产总值统一核算的意义和作用

实施地区生产总值统一核算改革，对实现地区生产总值汇总数据与国内生产总值数据衔接、提高地区生产总值核算数据质量、推进国家治理体系和治理能力现代化、科学分析研判经济运行形势、制定宏观经济政策，都具有十分重要的意义。

一、地区生产总值统一核算的效果

按照党中央、国务院关于地区生产总值统一核算改革部署和《地区生产总值统一核算改革方案》要求，从 2019 年全年核算开始，地区生产总值统一核算正式落地。通过统一核算，实现了地区生产总值汇总数与国内生产总值数据基本衔接，核算过程和数据发布总体顺利，舆论反响良好，改革成效显著，达到了预期目标。

（一）统一核算制度正式建立

地区生产总值统一核算改革是我国生产总值核算体制的重大改革，由实行了 30 多年的分级核算制度，转变为统一核算制度，推进了我国核算体制的历史性转变。国家统计局严格依据《地区生产总值统一核算实施方案》，开展季度地区生产总值统一核算和常规年度地区生产总值最终核实统一核算工作。统一核算改革的实施，为实现地区生产总值汇总数与国内生产总值数据基本衔接提供了制度保障，解决了统计系统多年想解决而没有彻底解决的老大难问题，进一步提高了统计数据质量，树立了统一核算权威。

（二）核算方案更加完善

为确保统一核算顺利开展，国家统计局在深入开展调查研究、广泛听取各方意见的基础上，研究制定了《季度地区生产总值统一核算方案》和《年度地区生产总值统一核算方法（试行）》，作为季度和年度统一核算工作的重要方法依据，2021 年 3 月又对季度核算方案进行了修订。季度核算方案的制定和完善，充分征求并吸收了各地区统计局具有代表性的意见建议，凝聚了核算系统共识，并且年度核算方法也在试行过程中逐步完善。与原分级核算制度下的核算方法相比，统一核算方法行业分类更加细化，基础指标更丰富、代表性更强，核算过程也更加规范。经过一年多实践检验，《季度地区生产总值统一核算方案》《年度地区生产总值统一核算方法（试行）》总体效果良好，为做好统一核算工作提供了坚实的核算方法保障。

（三）核算结果更加衔接

实施统一核算后，地区生产总值汇总数与国内生产总值数据实现了基本衔接。以2021年一季度数据为例，从总量看，地区生产总值汇总数为247 386亿元，比国内生产总值小1 924亿元，差率为-0.8%，前者略小于后者，这主要是由军队武警、驻外使领馆以及其他不分地区的活动带来的。总量衔接后，速度和结构随之实现了基本衔接，2021年一季度地区汇总增速为18.3%，与全国增速持平。地区汇总的三次产业占比为4.6∶37.2∶58.2，全国的三次产业占比为4.5∶37.2∶58.3，三次产业占比的差距均在0.1个百分点以内。

（四）历史数据更加协调衔接

为保证历史年份地区生产总值数据连续协调可比，按照国民经济核算制度规定和国际惯例，在利用四经普资料对2018年地区生产总值进行统一修订后，国家统计局组织各省区市统计局对地区生产总值历史数据进行了系统修订。通过数据修订，历史年份地区生产总值汇总数据与国内生产总值数据实现了基本衔接，各地区历史数据保持了时间序列上的可比性，地区间数据也保持了较好的协调性。修订后的地区生产总值历史数据已由国家统计局授权各省区市统计局通过本地区2020年统计年鉴对外发布。

（五）核算数据发布更加规范

按照《地区生产总值统一核算实施方案》规定，统一核算结果由国家统计局统一部署发布或授权各地区统计局发布本地区数据。为保证统一核算改革前后数据发布方式有序衔接，数据发布目前采用国家统计局授权各地区统计局发布本地区数据的方式进行。同时，为进一步规范数据发布流程，国家统计局对数据发布时间、发布方式和内容均提出明确要求，并组织各地区做好舆情关注和应对工作。通过一系列周密安排部署，各地区数据发布稳妥有序，规范性明显提高。

二、地区生产总值统一核算改革的意义

实施地区生产总值统一核算改革，对实现地区生产总值汇总数据与国内生产总值数据衔接、提高地区生产总值核算数据质量、推进国家治理体系和治理能力现代化、科学分析研判经济运行形势、制定宏观经济政策都具有重要意义。

（一）有利于更好推进统计现代化改革

党的十九届五中全会提出"推进统计现代化改革"，对完善统计体制、加强统计调查工作、提高统计数据质量提出了新要求新任务。巩固地区生产总值统一核算改革成果是推进统计现代化改革的重要组成部分，通过统一核算，按照统一的核算方法，使用统一的数据来源，把地区生产总值汇总数据与国内生产总值数据差率控制在合理范围之内，实现地区生产总值汇总数据与国内生产总值数据的基本衔接，能够更加客观科学监测地区经济社会发展进程，更好地发挥统计在了解国情、把握国势、促进发展中的重要作用。

（二）有利于提高统计数据质量

实施地区生产总值统一核算改革，通过全面理顺地区生产总值核算的体制机制，完善规范核算标准和方法，规范畅通核算基础资料来

源渠道,能够提高地区生产总值核算能力,加强专业统计和部门统计基层基础工作,有利于提高统计数据质量。通过进一步加强地区生产总值数据的真实准确和统一规范,更加客观反映地区经济发展实际,以提高社会对统计数据的认可度,有利于提升政府统计公信力。

(三)有利于科学研判经济形势

实施地区生产总值统一核算改革,提高地区经济建设成果的真实可比性,促进地区政府领导全面理性认识地区生产总值的作用,树立正确的政绩观,将地区经济发展中不平衡不充分的压力转化为动力,有利于更好地调动地方发展经济的积极性。实现地区生产总值和国内生产总值总量、结构和速度的基本衔接,能够准确反映三次产业及行业结构变化,有效把握新产业、新动能对经济增长的贡献,有利于准确反映供给侧结构性改革,引领经济新常态。实施统一核算改革,地区生产总值数据更加真实可信,可以更好地反映各地区不同发展阶段和情况,从局部经济运行中的苗头问题发现总体中的问题,也可以从总体问题中发现局部问题的特征,有利于科学准确地研判经济形势,有利于地方制定更加符合实际的经济社会发展预期目标,有利于实施区间调控、定向调控、相机调控和精准调控。

第五节 地区生产总值统一核算存在的问题和今后改革目标

总体来说,地区生产总值统一核算改革的各个环节和流程都较为顺利,取得了预期效果,但也存在一些困难和问题。

一、存在的问题

(一)数据攀比现象仍然存在

虽然国家统计局从未以任何形式对地区生产总值及其增速等数据

进行排名，但地区生产总值作为衡量一个地区经济发展水平最重要、最直观的统计指标，仍是地方政府相互对比炒作的重要对象。一是地区间相互攀比。部分地理位置临近、经济发展相近的地区，存在搞增速排名、相互攀比现象。二是盲目追求完成计划目标。部分地区未能完全转变发展观念、客观审慎看待地区生产总值数据，制订计划目标时脱离实际，对地区生产总值数据提出过高预期。如在2020年全年核算中，有极个别地区在遭受疫情冲击后，仍不切实际地要求完成疫情暴发前制订的年度目标或相对于2010年翻一番的目标。三是个别地区与国家攀比。个别地区不顾基础指标数据支持程度，缺乏依据地追求经济增速高于全国。

（二）基础数据质量有待提高

高质量的核算数据必须以高质量的基础数据为支撑。基础数据不真实，不仅会影响核算结果的准确性，还会影响宏观决策和政府公信力。从一些统计调查数据来看，个别专业数据存在上下不衔接或明显高于实际状况的情况，增加了统一核算工作的难度。比如，作为非营利性服务业的重要基础指标——劳动工资增速，由于调查制度刚刚建立，调查和审核机制还不够完善，存在一定的虚高情况，疫情期间出现少数地区个别行业劳动工资季度增速超过20%的现象，明显不符合疫情影响下的经济现实。再如，工业在总产值层面上实现地区汇总数与国家数的衔接，而各地区工业增加值是通过总产值乘以增加值率来推算得到的，由于各地区增加值率不同，结构性和技术性问题造成增加值增速数据未实现联动衔接，地区汇总增速与国家增速未能上下衔接。

（三）核算方法不完全一致

目前在国民经济核算中，全国核算和地区核算虽然原则一致，但方法还不完全统一。一是核算方式不同。受基础数据限制，季度核算中国内生产总值采用分季核算方式，地区生产总值采用累计核算方式。

二是地区存在特殊情况。地区统一核算方法需要在全国核算方法基础上，根据地区经济特点，对部分行业增加值核算方法做出适当调整，以更客观反映地区经济发展情况。比如，道路运输业增加值季度核算采用公路运输周转量增速推算，这一指标仅反映省际间道路运输情况，不能反映北京、上海等直辖市的市内公共交通、市内运输配送情况。在核算过程中，需要针对此类特殊情况进行处理，使用替代指标增速进行调整推算。核算方法的不一致，会在一定程度上给核算结果的上下衔接带来困难。

（四）市县级核算有待进一步规范

目前，省级统一核算方法由国家统计局组织制定，市县级统一核算方法由各省区市统计局参照省级统一核算方法，结合本地区实际研究制定。但部分地区在制定市县级统一核算方法时，简单照搬省级统一核算方法，未考虑到省级核算的许多指标在市县级代表性较弱、市县级核算基础资料缺口较大等情况，导致出现市县级核算基础资料缺乏、核算结果波动较大等情况。

二、今后改革的计划和目标

（一）加大宣传引导力度

通过宣传引导，进一步促进各地区转变发展观念，客观审慎看待地区生产总值数据，深刻认识统一核算工作的重要意义。一是加强数据解读。各地区统计局要做好预期引导和数据解读工作，从统计核算角度分析数据背后的经济实质，提出有针对性的政策建议，不要把精力放在数据攀比上，引导各级党政领导全面客观辩证地看待地区生产总值核算结果。二是加强统计宣传。通过不断加强统计宣传力度，增强各级党政领导对统一核算工作的理解和支持，营造关心统一核算、支持统一核算的良好工作氛围，促进各地区把精力集中到推动经济高质量发展而不是对经济数据的追求崇拜。

（二）不断加强数据审核评估

数据质量是统计工作的灵魂。要构建科学系统的数据质量控制体系，规范数据审核评估，不断提高基础数据质量。一是强化数据审核监督机制。夯实统计基层基础，加强各级统计机构、各专业数据质量核查和监督检查，建立统计数据质量追溯和问责机制，确保统计数据真实可靠。二是加强地区与国家数据衔接。争取各专业在提供核算所需基础资料时，达到地区与国家数据衔接，确保在数据来源及核算方法一致情况下，核算结果上下衔接。

（三）继续改进完善核算方法

各地经济发展差异较大，统一核算面临不断出现的新情况、新问题，核算方法也要与时俱进不断完善。下一步，国家统计局将加强地区与全国在核算方法上的衔接，从国民经济核算整体出发，立足现有基础资料，不断改进核算方法，规范核算流程，提高核算数据的科学性和准确性。一是改进完善季度和年度核算方案。在广泛征求各方面意见基础上，对现行核算方案进行修订，增强核算方法的科学性和合理性。二是研究探索地区生产总值分季核算。提高核算数据对地区经济短期波动的敏感度，为地区经济形势分析和宏观调控提供更好的数据支撑。三是规范地区特殊问题处理。制定地区特殊问题处理方法，从制度上规范处理特殊问题的标准和尺度。四是指导地市级统一核算工作开展。规范地市级统一核算的基本原则和方法，提高地市级统一核算的科学性和数据的可比性。

参考文献

[1] 国家统计局.关于印发〈地区生产总值统一核算实施方案〉的通知，国统字〔2019〕149号.

[2] 国家统计局.关于印发2021年〈季度地区生产总值统一核算方案〉的通知，国统字〔2021〕52号.

[3] 中共中央办公厅、国务院办公厅.关于印发〈地区生产总值统一核算改革方案〉的通知，厅字〔2017〕28号.

第四章

中国供给使用表编制方法研究

国家统计局国民经济核算司投入产出处处长　曾宪欣

本文主要包括三方面内容：一是《国民账户体系（2008）》（2008年 SNA）和《中国国民经济核算体系（2016）》（2016年 CSNA）中关于供给使用表的论述，二是我国供给使用表和投入产出表编制方法，三是未来编制工作展望。国家统计局在2019年和2020年先后编制了2017年供给使用表和2018年供给使用表，这是既符合国际标准，又结合我国实际情况编制的两张供给使用表，实现了生产法 GDP 与支出法 GDP 的衔接，初步发挥了 GDP 核算协调框架作用。

第一节　国民经济核算体系中的供给使用表和投入产出表

一、国民账户体系

2009年，联合国、欧盟委员会、经济合作与发展组织、国际货币基金组织和世界银行联合颁布了国民经济核算国际标准——2008年 SNA。它通过一套全面、系统的基本概念、基本分类、核算原则、核算框架、基本指标和基本核算方法，为世界各国开展国民经济核算工作确立了标准和规范。

2008年SNA指出，SNA是一套按照基于经济学原理的严格核算规则进行经济活动测度的国际公认的标准建议。这些建议的表现形式是一套完整的概念、定义、分类和核算规则。（2008年SNA，1.1）

SNA的最基本恒等式是一个经济体中所生产的货物和服务必须用于消费、资本形成，或者用于出口；同时该经济体中使用的所有货物和服务要么来自于国内，要么来自于进口。因此，只要就产品税和产品补贴对价格的影响做适当处理，即可推导出货物和服务账户，进而可估计出GDP。（2008年SNA，1.13）

2008年SNA共29章，其中有两章涉及供给使用表和投入产出表，即第14章供给使用表及货物和服务账户、第28章投入产出及其他基于矩阵的分析。从这两章的名称就可以看出供给使用表和投入产出表在SNA中的区别。

详细的SNA包括两个部分，一部分是与一定时期内各类经济活动有联系的、相互关联的流量账户序列，一部分是记录机构单位和部门在该时期期初、期末持有资产和负债存量价值的资产负债表。一个账户的平衡项结转为下一个账户的初始项，从而使账户序列形成一个环环相扣的整体。（2008年SNA，1.14）

SNA是一个丰富而详尽的经济核算体系，其内容并不限于上述主要账户序列的范围，还囊括了其他账户和表式，这些账户和表式或是包含了主要账户未能包括的信息，或是以更适于某些分析的其他方式（例如矩阵）来提供信息。（2008年SNA，1.23）

除了前文所述流量账户和资产负债表之外，SNA中心框架还包括了一个以矩阵形式表现的细分类供给使用表。一方面，记录各类货物和服务的来源——如何由国内各产业部门和进口来提供；另一方面，记录这些货物服务的去向——如何在各项中间使用或最终使用（包括出口）间进行分配。供给使用表涉及一套完整的按产业部门编制的生产和收入形成账户，编制此类账户的数据来源于产业普查或调查中的细分类数据。通过供给使用表可以提供一个核算框架，在此框架下，用于编制国民经济账户的商品流量法才可以得到系统性的拓展使用，因为，该方法要求表中各类货物和服务的总供给和总使用必须相互平衡。利用供给使用表提供的基础信息，还可以导出详细的、可广泛用于经济分析和预测的投入产出表。（2008年SNA，1.24）

2008年SNA第14章对供给使用表进行了详细描述，阐述了供给使用表的架构（矩阵形式），资料来源（产业普查或调查），作用（核算框架和推导投入产出表）。第14章也提到，供给使用表是编制第28章所述投入产出表的第一步，同时，不论是作为分析工具还是数据质量控制工具，其本身也有非常重要的作用。（2008年SNA，14.15）

在第2章对账户进行综合表述中，也提到了货物和服务账户。在综合账户中，左右两方分别包括了一列货物和服务。通过这两列，可以记录出现在机构部门账户中的各种货物和服务交易（2008年SNA，2.133）。货物和服务账户非常重要，因为它是对人们耳熟能详的GDP进行定义的基础（2008年SNA，2.134）。这部分进一步阐述了货物和服务账户的重要性，也引入了GDP。

在第2章阐述账户体系的其余部分，涉及核心供给使用表及其他投入产出表时，提到了供给使用表能提供的信息。综合经济账户中的机构部门生产账户和收入形成账户，只涉及货物和服务的总体平衡，而供给和使用表则可以对生产活动和产品平衡做详细分析。该表可以提供如下信息：对每种产品而言，货物和服务的来源及其使用；按照经济活动类型划分的每个产业部门的生产账户和收入形成账户；关于各产业使用的生产要素（劳动力和固定资本）的数据。（2008年SNA，2.148）

供给使用表可以发挥GDP的协调框架作用。根据最初编制的供给使用表（它们不太可能是平衡的，到后来才会逐步平衡），生产法GDP与支出法GDP之间是存在差异的。只有供给使用表才能够提供足够严谨的框架来消除在测算整个经济之货物和服务流量时的差异，

以确保不同测算方法下的 GDP 能得到同样的数据。（2008 年 SNA，14.15）

利用供给使用表通过一定假设，可以推导出投入产出表。对投入产出表编制者而言，有四种基本方案可供选择：a. 使用产品工艺假定编制产品 × 产品表；b. 使用产业部门工艺假定编制产品 × 产品表；c. 使用产品销售份额固定假定编制产业 × 产业表；d. 使用产业销售份额固定假定编制产业 × 产业表。（2008 年 SNA，28.62）

其中，从生产工艺（列方向）来说，产品工艺假定指的是假设每种产品不论由哪个产业生产，都具有自己特定的生产工艺（即具有相同的投入结构），产业部门工艺假定指的是每个产业无论产品构成如何，都有自己特定的生产工艺（即生产的所有产品都具有相同的投入结构）。（2008 年 SNA，28.51）

从需求结构（行方向）来看，固定产品的销售份额假定指的是假设使用者需求结构取决于产品而非销售该产品的产业。固定产业的销售份额假定指的是假设使用者对同一产业的各种产品总是有相同的需求结构。（2008 年 SNA，28.57）

其中，方案 a 和 d 可能会导致负值，而方案 b 和 c 不会出现负值。

举个例子：假如建筑业生产的 208 单位产品有 6 单位是制造业产品，制造业每单位产品需要投入 0.038 单位的农产品，0.102 单位的矿石和矿物产品，建筑业每单位产品投入 0.005 单位矿石和矿物产品，不投入农产品。那么，编制产品 × 产品表时，使用产品工艺假定（a）时，需要将建筑业生产消耗的农产品（起初是零），扣除制造业产品的农产品投入，农产品单元格就会得出负值。使用产业部门工艺假定（b）时，仅需要将建筑业的投入按照 6 单位数量，加到制造业产品中，不会出现负值。（2008 年 SNA，28.52-28.56）

二、中国国民经济核算体系

2016 年 CSNA 是在 2008 年 SNA 基础上制定的，主要由基本核算和扩展核算组成。其中,基本核算包括国内生产总值核算、投入产出核算、资金流量核算、资产负债核算、国际收支核算。

在 2016 年 CSNA 中,投入产出核算主要是编制供给使用表和投入产出表。编制方法为,供给表根据专业统计资料和行政记录编制,使用表可采用直接编制法和间接推导法,投入产出表也可采用直接编制法和间接推导法。

我国的编表模式是先编制供给表和投入产出表,再推导出使用表。即投入产出表采用直接编制法,使用表采用间接推导法,与 SNA 推荐的由供给使用表推导投入产出表的编制方法不同。

通过每五年开展一次的投入产出调查,直接分解调查单位的成本和费用原始记录,获得按产品部门分类的投入结构。通过推算放大直接编制投入产出表,主要满足经济分析应用的需要,与核算体系其他部分之间的数据衔接较为间接。根据供给表和投入产出表,通过产品工艺假定(不同产业部门生产的同一种产品具有相同的投入结构),以产业部门的产出结构系数作为权数,将产品部门投入结构加权得到产业部门投入结构,推导得到使用表。也可以通过产业部门工艺假定(同一产业部门生产不同的产品具有相同的投入结构),以供给表的市场份额为权数进行加权。

与 SNA 推荐的先编制供给表和使用表,再推导出详细的、可广泛用于经济分析和预测的投入产出表的编表方式不同的主要原因是使用表难以直接编制。

目前我国产业部门由主要业务活动或主要产品相同的法人单位集合而成。由于产业部门内部的法人单位生产活动差异性较大,难以通过对少数法人单位中间消耗调查推断整个产业部门对产品部门的消耗。这样编制的供给使用表,与国内生产总值核算关系较为间接,难以直接发挥供给使用表在协调三种方法 GDP 中的框架作用。

在借鉴部分国家经验的基础上,需要研究和改进供给使用表编制方法，新的编制方法确保既发挥其 GDP 协调框架作用，又满足与之关联的投入产出表的分析需要。

第二节　中国供给使用表和投入产出表编制方法

在深入研究投入产出核算国际标准，结合我国实际情况，学习借鉴发达国家经验基础上，国家统计局积极推进供给使用表和投入产出表的编制工作。2019 年 8 月，编制完成了 2017 年 70 产品部门 ×60 产业部门供给使用表，149 产品部门 ×149 产品部门投入产出表。2020 年 8 月，编制完成了 2018 年 70 产品部门 ×60 产业部门供给使用表，153 产品部门 ×153 产品部门投入产出表。

2017 年和 2018 年供给使用表，是从整体国民经济核算角度，深入研究供给和使用平衡关系，实现了总供给和总使用的平衡，实现了生产法、收入法和支出法核算的国内生产总值数据的衔接。2017 年和 2018 年投入产出表，不再单独设置误差列（其他项）。

编制流程主要有四个方面：一是整理基础数据。包括投入产出调查数据的转换分解，统计系统其他资料、部门行政记录和行业协会统计资料的收集和整理。二是制定编表方法。先后制定了 2017 年供给使用表和投入产出表编制方法，2018 年供给使用表和投入产出表编制方法。三是构建整体框架。分别构建供给表、投入产出表以及根据"产品工艺假定"构建的使用表初步架构。四是进行平衡调整。供给表基本稳定，调整投入产出表，使用表相关数据同步调整，最后根据其他资料独立平衡。

编制供给使用表和投入产出表，需要大量基础资料，主要包括四类：投入产出调查数据（最重要），国民经济核算数据和专业统计数据，部门数据（财政、税收和进出口等），部分行业协会的数据。

2017 年和 2018 年供给使用表和投入产出表的编制，均采用"五步骤"编制方法和"同步平衡"思路。第一步，编制供给表初表；第二步，编制投入产出表初表；第三步，编制使用表初表；第四步，同步平衡调整投入产出表和使用表；第五步，独立平衡投入产出表和供给使用表。

2018年的"五步骤"编制方法与2017年编制方法主要有两点不同：第一步供给表初表的编制，利用了第四次经济普查数据，产出资料更为详细。第二步投入产出表初表的编制，因当年未开展投入构成调查，采用经过价格调整后的2017年投入产出调查结构。

下面分供给表和使用表来看。首先是供给表。

供给表的主栏是产品部门，宾栏是产业部门以及进口与流通费用。沿行方向看，反映属于某一产品部门的货物或服务是由哪些产业部门生产的，或是进口的，产品部门总产出加上进口为货物和服务的总规模。沿列方向看，反映某一产业部门生产各产品部门货物或服务的价值量，产业部门总产出为产业部门生产经营的总成果。

国内产出，首先根据税收年鉴资料，分行业扣除了国内增值税。然后按照农业、工业、建筑业、服务业分别计算。农业，产业部门产出对角化即为产品部门产出；工业，按规模以上工业、规模以下工业分别计算，规模以上工业直接利用工业统计资料，规模以下工业按照规模以上工业结构推算。建筑业和服务业，也是按照规模以上和规模以下分别计算，规模以上建筑业和服务业使用了"一套表"单位主要业务活动收入来计算，规模以下建筑业和服务业与农业假定类似，放在主对角线上。总体来看，产品部门总产出等于产业部门总产出。

进口按海关货物进口、中国居民境外直接购买的货物和服务、服务进口分别计算。货物进口，使用海关商品分HS进口额（到岸价），单独处理来料加工装配贸易（经济所有权概念）；居民境外直接购买，采用国际收支平衡表的"旅游"项下数据，按照国际旅游外汇收入比例计算；服务进口，使用国际收支平衡表的服务项目数据。需要特别注意的是，服务进口里"运输"项目下包括进口货物的国际运费和保险费，在海关到岸价已包含，需要扣除避免重复计算。

进口税（除增值税外），按照进口关税、消费税分别处理。进口关税主要使用海关 HS 商品资料，海关代征的消费税主要根据消费税率推算。

不可抵扣增值税，按照国内增值税、进口增值税和出口退税分别处理。国内增值税主要依据税收年鉴资料推算，进口增值税根据海关进口税收资料计算，出口退税主要是退增值税，按照税率进行推算。

商业和运输费，主要是利用 2017 年投入产出调查的商业毛利额和运输费资料计算流通费用。根据流通部门总供给，减去中间使用和最终使用中体现的部分得到总流通费用，每个货物部门按照流通费率计算得到需扣除的流通费初步数，再平衡后，得到流通费用矩阵，行合计即为商业和运输费。

商业和运输费主要用于价格调整。将各货物部门按照投入产出调查得到的商业毛利率和运输费率计算的流通费总数，与各流通部门（商业和货物运输部门）体现的流通费总数进行平衡，得到各流通方式的应扣除的流通费。利用货物部门平均流通费率假设，可得到各种流通方式的流通费用矩阵，其中，各货物部门为正数，该流通部门为负数，中间使用和最终使用各列的合计为零。将各流通部门的流通费用矩阵相加，得到总流通费用矩阵，该矩阵的行合计即为供给表的商业和运输费列。其中各货物部门的流通费为正数，流通部门体现的流通费为负数，合计为零。将生产者价格供给经过流通费用调整，得到购买者价格供给，与使用表的购买者价格使用相对应。

使用表的一三象限，根据供给表的产业和产品的关系、"产品工艺假定"，对产品部门投入结构进行加权得到产业部门投入结构。二象限和投入产出表相同。平衡时，使用表随着供给表、投入产出表同步调整。

投入产出表基本平衡后（含废品废料虚拟部门的营业盈余），断开关联，用数学方法实现平衡。将上面得到的平衡的购买者价格的投入产出表，加上投入产出表的流通费用矩阵，得到生产者价格投入产出表。

利用 2017 年海关进口商品使用去向调查资料，我们还编制了 2017 年和 2018 年非竞争型投入产出表，中间使用（一象限）和最终使用（二象限）区分了国产品使用矩阵和进口品使用矩阵。

2017 年供给使用表、投入产出表和非竞争型投入产出表，分别在国家统计局数据库、《中国统计年鉴》和《中国投入产出表》出版物上公开发布。

其中，供给表和使用表中的产业部门总产出和产业部门总投入不含国内增值税和进口相关税。投入产出表中的产品部门总产出和总投入包含国内增值税和进口相关税。非竞争型投入产出表，口径与投入产出表（竞争型）保持一致。受资料限制，最终使用项目只列出消费、固定资本形成总额、存货变动和出口。

第三节　下一步工作展望

在编制完成 2017 年和 2018 年供给使用表、投入产出表和非竞争型投入产出表后，为更好发挥供给使用表协调框架作用，利用竞争型和非竞争型投入产出表开展分析研究，我们将继续研究优化投入产出调查方式，积极开展编表工作。一是研究统筹开展经济普查与投入产出调查。准备通过专项试点，探索统筹开展两项调查的可行性。二是编制 2020 年供给使用表和投入产出表。目前编制完成，并在国家统计局数据库中公布。三是利用 2020 年海关进口商品使用去向调查资料，编制完成 2020 年非竞争型投入产出表，也已在数据库中公布。四是继续研究发挥供给使用表协调框架作用，利用编制的供给使用表和投入产出表，协调生产法和支出法 GDP。

参考文献

[1] 国家统计局.中国国民经济核算体系(2016)[M].北京:中国统计出版社,2017.

[2] 国务院办公厅.国务院办公厅关于进行全国投入产出调查的通知,国办发〔1987〕18号.

[3] 国家统计局国民经济核算司.中国投入产出表2017[M].北京:中国统计出版社,2019.

[4] 国家统计局国民经济核算司.中国投入产出表2018[M].北京:中国统计出版社,2020.

[5] 联合国、欧盟委员会、经济合作与发展组织、国际货币基金组织、世界银行.国民账户体系(2008)[M].中国国家统计局国民经济核算司、中国人民大学国民经济核算研究所,译.北京:中国统计出版社,2012.

第五章

第四次经济普查年度资金流量表编制方法改革研究

国家统计局国民经济核算司资金处处长　魏媛媛

2020年，根据国民经济核算国际标准《国民账户体系》（SNA）的变化以及《中国国民经济核算体系（2016）》（2016年CSNA），结合第四次全国经济普查资料，在搜集有关专业、部门资料和大数据的基础上，国家统计局国民经济核算司改进和完善我国资金流量表编制方法，编制了2018年资金流量表（非金融交易），并对1992—2017年资金流量表（非金融交易）历史数据进行了修订，更加客观地反映我国社会资金运行情况，特别是宏观收入分配状况。

第四次经济普查年度资金流量表编制方法的改进和完善主要包括四个方面：一是调整部分机构部门的口径及名称；二是根据2016年CSNA，新增部分指标；三是改进部分指标分机构部门的核算方法；四是规范部分交易项目在资金流量表中的记录方法（国家统计局国民经济核算司，2021）。本章以下依次进行介绍。

第一节　调整部分机构部门的口径及名称

一、修改"政府部门"的名称

根据2016年CSNA，将"政府部门"的名称修改为"广义政府部门"。

二、调整"广义政府部门"及"非金融企业部门"的口径

考虑到公立医院和基层医疗卫生机构的公益性基本定位,以及其医疗服务定价受政府指导、不具备显著经济意义等特点,结合我国实际情况和有关专家意见,将公立医院、基层医疗卫生机构由"非金融企业部门"调整到"广义政府部门"。

第二节 新增部分指标

根据 2016 年 CSNA,在资金流量表中增加了"实物社会转移""实际最终消费""调整后可支配总收入"指标。实物社会转移指广义政府部门免费或以没有显著经济意义的价格向居民提供消费性货物和服务的支出。我国政府向居民提供了大量的教育、文化体育、医疗和社会保障等服务,这些服务费用虽然由政府支出,但真正享受者是居民个人,属于政府对居民的实物社会转移,也属于居民实际最终消费。实际最终消费衡量的是消费主体实际获得的货物和服务价值,它在政府和居民最终消费支出基础上,经过实物社会转移调整得到。调整后可支配总收入在各机构部门可支配总收入基础上,加上该部门应得的实物社会转移,减去该部门应付的实物社会转移得到。

第三节 改进部分指标分机构部门的核算方法

一、修订增加值和劳动者报酬分机构部门核算方法

根据 GDP 核算数据及其他基础资料情况,主要对广义政府部门和住户部门的增加值和劳动者报酬核算方法进行了修订。

(1)广义政府部门增加值和劳动者报酬。经济普查年度,以 GDP 核算中行政事业单位、民间非营利组织增加值和劳动者报酬为基础计算;非经济普查年度,根据分行业核算数据,结合历次经济普

查年度结果计算。

（2）住户部门增加值和劳动者报酬。为更好地反映住户部门实际情况，由原来根据经济普查年度住户部门增加值占GDP的比重、住户部门劳动者报酬占住户部门增加值的比重计算住户部门增加值和劳动者报酬，修订为利用各年GDP核算资料分别计算该部门中个体户、农户、居民自有住房服务的增加值和劳动者报酬。其中农户和居民自有住房服务增加值、农户劳动者报酬采用各年GDP核算中的结果；个体户增加值和劳动者报酬利用历次经济普查年度个体户增加值占GDP比重及个体户劳动者报酬占增加值比重计算。

二、完善固定资本形成总额分机构部门核算方法

固定资本形成总额在机构部门之间的分摊方法由过去用分行业固定资产投资占比计算，改为每类固定资本形成总额（住宅、非住宅建筑物、土地改良支出、机器和设备、知识产权产品、其他）按机构部门分别核算。

第四节　规范部分交易项目的记录方法

一、规范部分税收项目的核算

（1）调整个人缴纳部分税收的记录方法。将个人缴纳的车辆购置税、契税和证券交易印花税由生产税调整为经常转移。

（2）调整土地增值税的记录方法。考虑到土地增值税具有生产税的性质，将土地增值税由资本转移调整为生产税。

二、完善财产收入核算方法

（1）补充计算银行理财产品和信托产品兑付客户收益。根据人民银行、银保监会、信托协会等提供的统计资料和相关大数据资

料，在财产收入中补充计算了银行理财产品和信托产品给客户带来的收益。

（2）改进间接计算的金融中介服务（FISIM）分摊方法。存款和贷款 FISIM 由原来按存贷款比例确定，修订为采用 GDP 生产核算中实际计算的存款和贷款 FISIM。

三、修订社会保险福利核算方法

根据 2016 年 CSNA，将社保基金对社会医疗保障的支出从经常转移项下的"社会保险福利"调整为实物社会转移。政府对社会保险的支付分为两种情况：一种以实物形式提供，如医疗保险，政府对医保支出相当于政府购买医疗服务再免费或以没有显著经济意义的价格提供给居民消费；一种是直接发放现金给受益者，没有提供对应的服务，如养老保险。以实物形式发放的，提供了相应服务的社保支出，应计入实物社会转移中；现金形式的社会保障福利，应计入经常转移项下的"社会保险福利"中。

参考文献

[1] 国家统计局. 中国国民经济核算体系（2016）[M]. 北京：中国统计出版社，2017.

[2] 国家统计局国民经济核算司. 中国资金流量核算（非金融交易）1992—2018 年 [M]. 北京：中国统计出版社，2021.

[3] 联合国、欧盟委员会、经济合作与发展组织、国际货币基金组织、世界银行. 国民账户体系（2008）[M]. 中国国家统计局国民经济核算司、中国人民大学国民经济核算研究所，译. 北京：中国统计出版社，2012.

第六章

中国资产负债表编制方法研究

国家统计局国民经济核算司资产处处长　李花菊

资产负债核算是以一个国家或地区资产负债存量为对象的核算，反映某一时点上经济总体和非金融企业部门、金融机构部门、广义政府部门和住户部门的资产和负债总量、分布与结构及其变动情况，以及机构部门之间的债权债务关系，是研究财富问题、加强风险管理、服务宏观决策的重要工具。

第一节　背景和组织实施

一、背景

国家统计局在20世纪80年代中期就开始资产负债核算研究，2004年发布了1998年全国资产负债表，并在1997年和2007年两次出版了《中国资产负债表编制方法》。但受基础资料缺乏等影响，2012年以前一直处于内部试编阶段。

2013年，党的十八届三中全会通过了《中共中央关于全面深化改革若干重大问题的决定》，明确提出编制全国和地方资产负债表的重大改革任务。这是综合考虑国际国内形势作出的重大决定，表明了党中央对全国和地方资产负债的高度重视。

从国际上看，1997年拉美和亚洲地区相继爆发大规模金融危机，2008年美国次级贷款危机引发全球金融危机，2010年欧洲国家爆发主权债务危机。由于资产负债表是分析一国债务状况的最适当工具，金融危机之后，在联合国主导下，国际机构和一些发达国家尝试从资产负债表角度分析金融危机，并提出了利用国家资产负债表识别防范风险、稳定金融的方法。

从国内来看，我国经济国际影响力不断扩大，国际社会对我国经济关注度日益提高。总体上看，我国经济运行稳中向好，债务风险总体可控，但也存在一些金融风险问题，特别是地方融资平台债务问题较为突出，人们开始担心中国的债务风险问题，更有人据此唱衰中国。在这种情况下，编制资产负债表，深入分析债务来源、状况就显得尤为重要。

二、组织实施

2013年以来，国家统计局高度重视全国和地方资产负债表编制工作，认真组织实施，通过学习借鉴国际经验，开展试点试算，制定工作方案等，全面推进资产负债表编制工作。

一是印发实施《全国和地方资产负债表编制工作方案》。通过与联合国统计司、经合组织以及美国、加拿大等国际组织和国家的核算专家进行深入交流沟通、举办国民经济核算国际研讨班等方式，学习研究国际先进编制经验和方法。为推进改革任务落地，2015年5月至2016年12月，在北京等11个省（市）开展全国资产负债表编制试点工作。根据资产负债表试点经验和基础资料情况，制定了《全国和地方资产负债表编制工作方案》（以下简称《工作方案》）和《全国资产负债表编制制度》（以下简称《编制制度》）。2017年6月26日，第十八届中央全面深化改革领导小组第三十六次会议审议通过了《工作方案》，并于同年8月6日以国务院办公厅文件（国办发〔2017〕45号）印发。

二是加强组织领导，建立分工合作机制。为加强对全国和地方资产负债表编制工作的组织领导，2017 年 9 月，国家统计局牵头成立编制资产负债表工作领导小组，宁吉喆局长担任组长，小组成员由有关部委负责人组成。为提高资产负债表编制技术水平，成立了资产负债表工作专家咨询组，李晓超副局长担任组长，成员由有关高校和科研机构专家组成。加强与中国人民银行沟通合作，建立了良好的分工合作机制。

三是编制完成 2015—2020 年全国资产负债表。根据《编制制度》，收集、整理、加工大量基础资料，研究确定核算方法，并组织召开专家评审会对核算结果进行评估，已编制完成 2015—2020 年全国资产负债表。

四是推进地方资产负债表编制工作。为推进地方资产负债表编制工作，2017 年 8 月到 2018 年 3 月，在北京等 7 个省（市）开展了地方资产负债表编制试点工作。研究制定《地方资产负债表编制制度（试行）》，扎实推进地方资产负债表编制工作。2020 年各地区完成了 2018 年地方资产负债表试编工作。

第二节　资产负债核算的基本问题

资产负债核算的基本问题包括核算内容、资产和负债的概念及分类、估价原则和编制方法等。

一、核算内容

资产负债表采用资产负债项目 × 机构部门的矩阵结构。主栏按资产、负债、资产净值等项目分列，其中，资产包括非金融资产与金融资产；资产净值是总资产与总负债相减后的余额，是各机构部门及经济总体财富和经济实力的最终体现。

宾栏按机构部门分列，包括非金融企业部门、金融机构部门、广义政府部门、住户部门和国外，前四个机构部门共同组成我国的经济总体，与我国常住单位发生交易的非常住单位组成国外，与经济总体相对应。

二、重要意义

资产负债核算的重要意义主要体现在以下方面：

一是可以摸清"家底"。资产负债核算以资产与负债总存量为对象进行核算，可以弄清经济总体和各机构部门的资产负债规模和结构，从宏观上把握全国和不同地区的经济实力。

二是为优化资源配置，推进供给侧结构性改革提供基础信息。资产负债表可以揭示经济总体和各机构部门的资产配置情况，以及机构部门之间的债权债务关系，从而为优化资源配置，降低杠杆率，推进供给侧结构性改革提供基础信息。

三是有利于防范化解重大经济风险。资产负债表可以提供政府、企业、居民和经济总体的债务、资产负债率等重要信息，有利于及早发现和防范处置重大经济风险。

四是有利于完善统计制度，健全核算体系。编制资产负债表标志着我国国民经济核算由注重流量核算（以 GDP 为代表）向流量与存量核算（以资产负债表为代表）并重转变。资产负债核算是我国国民经济核算体系的重要组成部分，只有资产负债核算建立起来，中国国民经济核算体系才可以说真正健全了。这也标志着我国统计制度的进一步完善。

三、基本概念

资产是由某个或某些单位所拥有的实体，其所有者由于在一段时间内持有或使用而可以从中获得经济利益。资产负债表中的资产是指"经济资产"。

资产有两个基本特征：一是所有权明确，可以由个别单位拥有，也可以由多个单位共同拥有，或由政府代表整个社会拥有；二是所有者通过持有或在经济活动中使用它们获得经济利益。

国民经济核算中的负债皆指金融负债。金融资产既是金融工具，也是债权人对其他机构单位经济资产无条件的索取权，因此，金融资产对应了债务人的负债。负债就是金融负债。负债与金融资产相对应，除货币当局持有的货币黄金外，其余各项金融资产都有对应的负债。

四、基本分类

（一）资产负债分类

在资产负债表中，资产分为非金融资产和金融资产。

1. 非金融资产分类

非金融资产分为固定资产、存货及合约、租约、许可和商誉。

固定资产又分为房屋和构筑物、机器和设备、培育性生物资源和知识产权产品。固定资产不包括耐用消费品和小型工具。小型工具虽然可以在一定时期内使用，但价值较少，购买时一次性计入成本，不按固定资产处理。

存货：指在生产活动中持有以备出售的产成品或商品，处在生产过程中的在产品，在生产过程或提供服务过程中耗用的材料、物料等。

合约、租约、许可和商誉等：合约、租约、许可指自然资源租约和许可，开展某项活动的许可，以及使用货物或服务的未来排他性权利。商誉指能在未来为企业经营带来超额利润的潜在经济价值，即企业的购买者购买企业时，支付的价格超过企业账面净值的溢价部分。

2. 金融资产与负债分类

金融资产分为通货、存款、贷款、股权和投资基金份额、债务性证券、保险准备金和社会保险基金权益、金融衍生品、国际储备和其他。在资产负债核算中，负债即为金融负债，其分类与金融资产分类相对应。

（二）机构部门分类

资产负债表的宾栏按机构部门进行分类。

机构部门由具有相似特征的机构单位合并而成。机构单位有两类，一类是以住户形式出现的个人或一群人，另一类是法律或社会实体。前者组成住户部门；后者根据经济目的和功能分为非金融企业部门、金融机构部门和广义政府部门，共同组成经济总体。与常住单位发生交易的非常住单位归类为国外，视同机构部门处理。

在《中国国民经济核算体系（2016）》中，还设有一个机构部门，即"为住户服务的非营利机构"。在我国，这些机构或是由政府出资，或是由政府任命高管，或是受政府政策影响，不完全独立于政府。目前尚未将其独立，而是在广义政府部门中统一核算。

五、核算原则和估价方法

（一）核算原则

常住性原则。常住性指在经济领土上具有显著的经济利益中心。根据常住性原则，资产负债核算的对象都是我国的常住单位。

权责发生制原则。非金融资产和金融资产在所有权转移时进行记录，负债在发生或偿还时记录。

复式记账原则。资产负债表采用复式记账原则，机构部门之间的资产负债交易必须在同一时点记入交易双方的资产负债项目，同时在两个对应的项目中记录每笔交易。

所有权原则。所有权包括法定所有权和经济所有权。法定所有权指在法律上拥有相关实体（如货物和服务），从而获得相应经济利益的权利；经济所有权指经营相关实体，承担有关风险，从而享有相应经济利益的权利。大多数实体的法定所有者和经济所有者是一致的，当两者不一致时，应作为经济所有者的实体予以记录，交易记录的时点为经济所有权变更的时点。

（二）估价方法

为了与国民经济核算其他账户保持一致，资产负债表中的每一项目的估价，应当将其视为是在资产负债表编表日期上获得的。这就意味着，针对各类具体资产和负债，要用在资产负债表编表日的现期价格来进行估价。

理想说来，资产负债表中的所有资产和负债都应当采用可观测的市场价格估价。如果所有资产在市场上能够正规、活跃、自由地交易，可以采用市场中所有交易的平均价格；如果资产在近期内没有在市场上买卖，没有可观测到的市场价格，那就只能按照一个假定价格——假定在资产负债表编表日期之市场上获得该资产的可能价格——进行估算。

中国资产负债表各项目的具体估价方法是，居民住宅、债券、上市公司股票、证券投资基金份额等采用市场价格估价。其他房屋和构筑物、机器和设备、研究和开发、矿藏勘探和评估、计算机软件和数据库采用永续盘存法估价，培育性生物资源采用净现值法估价，合约、租约、许可和商誉等，以及通货和存款、贷款、非上市公司股权等采用会计账面价值估价。

第三节 资产负债核算方法

中国资产负债按非金融资产和金融资产与负债分别核算。

一、非金融资产核算方法

非金融资产细分为固定资产、存货、合约租约许可和商誉。根据基础资料情况，固定资产项下的房屋和构筑物及机器和设备、存货、合约租约许可和商誉等通过各机构部门的基础资料分别核算；固定资产中的培育性生物资源、知识产权产品根据生产法和收入法 GDP 资料，先核算总量，再通过有关数据分劈到各机构部门。

（一）固定资产

固定资产包括房屋和构筑物、机器和设备、培育性生物资源和知识产权产品四类。

1. 房屋和构筑物核算

首先进行历史成本价核算，然后利用永续盘存法进行现价核算。

资产负债核算中的房屋和构筑物不仅包括会计固定资产项下的房屋建筑物，还包括在建工程中的房屋、投资性房地产、建筑业和房地产业存货中的已完工部分。另外，很多情况下建筑物本身与其所占土地的价值难以区分，实际核算房屋和构筑物时会包含土地使用权，为了口径上的一致，将无形资产中的土地使用权也计入房屋和构筑物。

房屋和构筑物包括在建工程中的房屋和构筑。按SNA核算原则，固定资产在所有权发生转移时记录。一般而言，未完工的建筑工程作为存货，当完工并交付使用时将被重新分类，从存货变为固定资产。SNA同时说明了两种特定情况除外，一是如果资产是自产自用的，则即便是处于建设中也直接作为固定资产。二是如果事先签订了销售合同，则可以认为开工时所有权已从生产者转到购买者（或使用者），应该作为固定资产核算。由于不掌握在建工程是否是自用或已签订合同，目前的处理方法是全部计入固定资产。

广义政府部门的房屋和构筑物还包括公共基础设施。公共基础设施包括市政公用基础设施、交通基础设施和水利基础设施。这些设施一般由政府公共服务管理部门投资，由于使用单位不需要支付费用，因此不作为固定资产统计，没有记录在其资产负债表中。编制全国和地方资产负债表对这部分进行补充，并计入广义政府部门的房屋和构筑物中。

住户部门的房屋和构筑物包括城镇居民住宅、农村居民住宅、农村居民生产性用房和个体工商户生产性用房。

2. 机器和设备

非金融企业部门、金融机构部门和广义政府部门的机器和设备核算方法相同，都是先进行历史成本价核算，然后利用永续盘存法进行重估价。住户部门机器和设备按个体工商户机器和设备、农村居民生产性固定资产中的机器和设备（如拖拉机、收割机等）核算。

3. 培育性生物资源

培育性生物资源是指能重复提供产品的动物资源和能重复提供产品的林木和植物资源。培育性生物资源根据未来收益通过净现值法核算，首先计算全部培育性生物资源总量，然后在非金融企业部门和住户部门之间按比例进行分劈。

4. 知识产权产品

知识产权产品分为研究与开发、矿藏勘探和评估、计算机软件和数据库、娱乐文学或艺术品原件，首先利用支出法GDP核算资料先核算经济总体的存量，再根据有关指标分劈到相应机构部门。

（二）存货

存货包括材料和用品、在制品、产成品及供转售的货物。

非金融企业部门的存货根据会计资产负债表中的存货资料核算。需要注意的是，在核算建筑业、房地产业的存货时，需要扣除已调整到房屋和构筑物中的部分。住户部门的存货包括个体工商户存货和农户存货。农户存货指农户饲养猪、羊、家禽形成的存货以及粮食储备形成的存货。

（三）合约、租约、许可和商誉等

合约、租约、许可和商誉等根据企业财务资料，结合税务总局《企业固定资产账载金额分行业汇总表》等资料分别进行核算，按历史成本价核算。

二、金融资产与负债核算方法

金融资产与负债分资产、负债项目进行核算。由于资产和负债具有对称性，某一个或几个部门的资产同时是另外部门的负债，因此，每个项目都从资产和负债两方同时核算。核算需要的基础资料主要是银行信贷收支表、资金存量表、国际投资头寸表、中国证券登记结算中心统计资料等。

需要注意的是，股权在国民经济核算中的处理方法与企业会计不同，会计资产负债核算把企业投资者投入的股权或股本记入所有者权益，国民经济核算则把企业投资者投入的股权或股本作为金融资产或负债处理。企业对外投资，是企业资产的一种表现形式，计入金融资产；企业直接接受投资，是企业资金来源的一种表现形式，计入金融负债。

参考文献

[1]　国家统计局. 中国国民经济核算体系培训教材 2016[M]. 北京：中国统计出版社，2018.

[2]　国家统计局国民经济核算司. 中国资产负债表编制方法 [M]. 北京：中国统计出版社，1997.

[3]　国家统计局国民经济核算司. 国民资产负债核算理论与实践 [M]. 北京：中国统计出版社，1996.

[4]　国家统计局国民经济核算司. 中国资产负债表编制方法 [M]. 北京：中国统计出版社，2007.

[5]　联合国、欧盟委员会、经济合作与发展组织、国际货币基金组织、世界银行. 国民账户体系（2008）[M]. 中国国家统计局国民经济核算司、中国人民大学国民经济核算研究所，译. 北京：中国统计出版社，2012.

第七章

数字全球价值链的测算框架与事实特征

西南财经大学统计学院教授　马丹

西南财经大学统计学院博士研究生　唐佳琦

第一节　引言

伴随着第四次工业革命的深入发展,大数据、物联网和人工智能等新一代信息技术促进了产品和服务的跨国流动,全球经济联系和相互依赖空前紧密。数字技术领域的颠覆性创新不断涌现并与传统贸易持续渗透和深度融合,推动了全球生产方式的变革,进而引发了国际贸易格局的深刻变化以及全球价值链的数字化转型（李伟等,2018；孙志燕和郑江淮,2021）。一方面,数字产品和服务不断替代传统货物和服务逐渐嵌入全球价值链的部分环节中创造了更大的价值；另一方面,数字产品和服务本身形成新的生产过程并实现了价值创造。全球价值链相当一部分价值将凝结在数字产品和服务中,进一步衍生出"数字全球价值链"（徐金海和夏杰长,2020；方英,2021）。数字贸易通过产业间数据和数字技术要素的共享和流动,促使各产业间深度融合,打破了贸易空间距离的限制,进而降低了贸易门槛,正逐步成为新一轮经济全球化的重要驱动力量。

为抢占数字贸易未来高地,欧美日等发达经济体率先制定数字贸易规则体系,掌握着国际数字贸易的领导权和主动权（贺少军,2020）。相比全球数字贸易发展而言,中国的数字贸易发展更为迅速。《中国数字贸易发展报告 2020》显示,"十三五"时期我国数字贸易额由 2015 年的 2000 亿美元增长到 2020 年的 2947.6 亿美元,增长 47.5%,占服务贸易的比重从 30.6% 增长至 44.5%,预计到 2025 年,我国可数字化的服务贸易进出口总额将超过 4000 亿美元,占服务贸易总额的比重达到 50% 左右。如何抓住新一轮技术革命机遇,适应全球经济数字化转型,提升在国际数字贸易竞争中的优势与数字全球价值链分工中的地位和话语权,是当前中国面临的重要问题。一方面,这需要构建出合理的数字全球价值链的测算框架,对中国嵌入数字全球价值链现状和变化趋势进行准确测度;另一方面,还需要厘清各国参与数字全球价值链的事实特征,为中国向数字全球价值链更高端攀升提供参考。

尽管数字贸易带来的全球价值链重塑已经引起各国的广泛关注,但学术界对此类研究相对较少,目前正处于前期探索阶段。这主要由于目前数字经济产业、产品的分类标准尚未统一,加之数字贸易本身的隐蔽性和复杂性以及存在多种贸易方式的混合,使得数字全球价值链的增加值核算比传统全球价值链核算更加复杂,数字全球价值链相关测算缺少精准数据支撑和方法框架。基于此,本章尝试利用国际投入产出表给出数字全球价值链的测算方法,分析以数字产品和数字服务相关贸易为主构建的数字全球价值链基本特征。在对数字全球价值链理论内涵进行分析基础上,从数字经济相关行业的产业链关系及其增加值创造和分配的角度,建立数字全球价值链增加值测算框架,分别从数字全球价值链增加值整体演变趋势、组成结构变动以及不同最终需求三个角度展开研究。

第二节 文献综述

一、数字经济相关部门统计分类标准

在对数字全球价值链增加值测算框架进行尝试性构建之前,首先要对数字经济相关部门进行筛选。关于数字经济相关部门统计分类标

准的研究主要集中于国际组织和各国统计局的工作报告中，基本上是在 SNA 框架下进行探讨（关会娟等，2020）。美国经济分析局（BEA）数字经济产业包括数字赋能基础设施、电子商务和数字媒体三个大类。2020 年 8 月，BEA 进行了修正，修正后的分类包括基础设施、电子商务、收费数字服务三类（BEA，2018；2020）。英国数字、文化、媒体和体育部（DCMS）把数字经济划分为九个子行业（DCMS，2021）。2021 年 6 月，中国国家统计局也公布了《数字经济及其核心产业统计分类（2021）》，该分类报告将数字经济划分为"数字产业化"和"产业数字化"两个部分，其中数字产品制造业、数字产品服务业、数字技术应用业、数字要素驱动业为数字经济核心产业，为数字产业化部分，数字化效率提升业为产业数字化部分。通过梳理国内外数字经济相关产业分类可以发现，尽管各国对数字经济产业的具体划分存在差异，但是其分类的逻辑和涵盖的核心产业基本一致。数字经济相关行业大致可以归纳为三大类，第一类是数字经济的核心产业或者说是数字经济的基础，通常是指 ICT（信息与通信技术，information and communications technology）产业，即支撑数字经济运行的基础设施产业，例如 BEA 的数字赋能基础设施、中国国家统计局的数字产品制造业和数字技术应用业以及 DCMS 的电子产品和计算机制造、计算机和电子产品批发和电信等；第二类是 ICT 产业衍生的新经济，即因为 ICT 的发展所衍生的新业态，例如，BEA 的数字媒体和云服务；第三类是传统经济数字化的产业，即数字技术与传统产业融合后形成的产业，是数字对传统经济的改造，例如，BEA 的电子商务和中国国家统计局的数字化效率提升业等。

二、全球价值链增加值测算相关研究

随着国际分工的碎片化，产品不再由一个国家生产而由"世界"生产，中间品在国家间的反复进出使得在海关总值统计体系下构造的传统贸易统计面临重复统计问题。特别是对于发展中国家而言，由于总值贸易统计并不能识别来料加工等贸易转移形式的价值，往往造成对贸易失衡的夸大，国际社会已经意识到贸易总值统计的缺陷，国内外学者关于新统计方法进行了大量的有益探索（王直等，2015）。由 Hummels（2001）首次提出的垂直专业化贸易测算方法（HIY），利用单个国家的投入产出表，实现了从进口和出口角度来分析一国参与垂直国际分工的特征。此后，一些文献基于垂直专业化贸易理论围绕不同测度指标展开对国际垂直分工问题的研究（Daudin，2011；Johnson 和 Noguera，2012）。在垂直专业化贸易的基础上，一些学者通过对假设条件的修正与放松，利用国家间投入产出表，形成了一个全新的以增加值为基础的新国际贸易统计框架，分别从生产和消费两个角度考察一国参与国际分工的进出口贸易利得从而划分为"增加值贸易"和"贸易增加值"核算框架。以 Koopman 等（2014）提出的总出口分解模型（KWW）、王直等（2017）进一步扩展的生产分解模型（WWYZ）为代表的贸易增加值生产核算框架，逐渐成为当前研究的主流测度和分解方法。

三、数字全球价值链增加值测算相关研究

由于缺乏国际统一的数字经济相关部门等分类标准，加上各国对数字交易的种种限制性规定，如何从统计角度开展数字全球价值链测算并不容易。考虑到数据的可得性，数字全球价值链的统计测算数据大多采用国际组织所编制的全球多区域投入产出表，方法框架继续沿用传统贸易增加值核算和全球价值链分工的生产分解模型，测算的主要内容可以归纳为两个方面：一是在国家层面，通过对多区域投入产出表进行数字化调整，将计算机、通信、互联网和电信等数字技术作为国民经济产业数字化转型的基础条件，引入数字化渗透系数等量化指标，把全球价值链拓展为数字全球价值链，从而测算出单一经济体在数字全球价值链中的参与度、位置及竞争力，以及与其他经济体在全球价值链中的联系（吕延方等，2020）。二是在产业层面，利用数字经济核心产业增加值等统计指标作为数字化投入对各产业全球价值

链的影响进行分析（张艳萍，2021）。这些学者的研究为本文构建数字全球价值链的测算框架提供了诸多启示。

第三节　理论模型与数据说明

一、数字经济相关部门的整理和拆分

在对数字全球价值链进行尝试性测算之前，首先要对数字经济相关部门进行整理和拆分。依据我国国家统计局公布的《数字经济及其核心产业统计分类（2021）》报告，数字产品制造业、数字产品服务业、数字技术应用业和数字要素驱动业等相关部门为数字经济核心产业，属于"数字产业化"部分；数字化效率提升业是数字技术与实体经济的融合，属于"产业数字化"部分。因此，数字经济相关部门应包含数字经济核心部门以及非数字经济部门中数字化部分，然而，考虑到现阶段数据的可得性问题，直接对非数字经济部门中数字化部分进行测算尚没有完整的数据来源。为解决这一难题，本章在国际多区域投入产出表中引入数字化拆分系数对非数字经济相关部门进行拆分。假设存在 G 个国家且每一个国家存在 m 个数字经济相关部门、n 个非数字经济相关部门，用各国非数字经济相关部门对数字经济相关部门的完全消耗系数占比来描述各非数字经济相关部门中的数字化占比，即 $DC_{rj} = \dfrac{\sum_{s=1}^{G}\sum_{i=1}^{m} b_{si,rj}}{\sum_{s=1}^{G}\sum_{i=1}^{N} b_{si,rj}}$，$r=1, \ldots, G$，$j=1, \ldots, n$。为方便后续的分析，我们将数字经济核心部门和拆分出的非数字经济相关部门中的数字化部分统一归为数字经济相关部门，非数字化部分归为非数字经济相关部门。

二、区分数字经济相关部门的国际多区域投入产出表的编制

考虑数字全球价值链存在数字经济相关部门和非数字经济相关部

门间的贸易往来情况，为更直观地反映出这两类部门的跨境交易情况，我们从国际多区域投入产出表入手，建立区分数字经济相关部门的国际多区域投入产出表。不妨设各国有 N 个部门，其中 m 个数字经济相关部门，n 个非数字经济相关部门，则 $m+n=N$。用上标 d 表示数字经济相关部门，$\bar{d}$ 表示非数字经济相关部门，为便于分析，将中间使用、最终需求以及总产出按照数字和非数字经济相关部门进行划分和归类，表 7-1 给出了区分数字经济相关部门的国际多区域投入产出表的基本结构。

其中，Z_{ji}^{dd}、$Z_{ji}^{d\bar{d}}$、$Z_{ji}^{\bar{d}d}$ 和 $Z_{ji}^{\bar{d}\bar{d}}$ 分别表示国家 j 数字或者非数字经济相关部门向国家 i 对应部门提供的中间使用，上标表示中间产品在数字经济和非数字经济之间的流动方向。Y_{ji}^{d} 和 $Y_{ji}^{\bar{d}}$ 分别为 j 国数字和非数字经济相关部门向 i 国提供的最终使用；X_{j}^{d} 和 $X_{j}^{\bar{d}}$ 分别是数字和非数字经济相关部门的总产出。此时，区分数字经济相关部门的国际多区域投入产出表满足以下平衡关系：

$$\begin{bmatrix} X^d \\ X^{\bar{d}} \end{bmatrix} = \begin{bmatrix} Z^{dd} & Z^{d\bar{d}} \\ Z^{\bar{d}d} & Z^{\bar{d}\bar{d}} \end{bmatrix} + \begin{bmatrix} Y^d \\ Y^{\bar{d}} \end{bmatrix} \quad (7-1)$$

依据以上的平衡关系，总产出应等于数字经济相关部门产出与非数字经济相关部门产出之和，同时等于数字经济相关部门中间投入、非数字经济相关部门中间投入、数字经济相关部门最终需求和非数字经济相关部门最终需求之和。其中，各国数字经济相关部门产出应等于各国间（内）数字经济相关部门向全球各部门提供的中间使用与各国数字经济相关部门的最终需求之和；各国非数字经济相关部门产出等于各国间（内）非数字经济相关部门向全球各部门提供的中间使用与各国非数字经济相关部门的最终需求之和。

三、数字全球价值链增加值的测算框架

根据上文的划分，可将数字经济和非数字经济相关部门间的中间

表 7-1　区分数字经济相关部门国际多区域投入产出表的基本结构

产出\投入		中间使用								最终需求				总产出
		数字经济相关部门				非数字经济相关部门								
		国家 1	国家 2	...	国家 G	国家 1	国家 2	...	国家 G	国家 1	...	国家 G		
数字经济相关部门	国家 1	Z_{11}^{dd}	Z_{12}^{dd}	...	Z_{1G}^{dd}	$Z_{11}^{d\bar{d}}$	$Z_{12}^{d\bar{d}}$	...	$Z_{1G}^{d\bar{d}}$	Y_{11}^{d}	...	Y_{1G}^{d}		X_{1}^{d}
	国家 2	Z_{21}^{dd}	Z_{22}^{dd}	...	Z_{2G}^{dd}	$Z_{21}^{d\bar{d}}$	$Z_{22}^{d\bar{d}}$	...	$Z_{2G}^{d\bar{d}}$	Y_{21}^{d}	...	Y_{2G}^{d}		X_{2}^{d}
	...	...	...	...	...	...	...	...	...	...	...	...		...
	国家 G	Z_{G1}^{dd}	Z_{G2}^{dd}	...	Z_{GG}^{dd}	$Z_{G1}^{d\bar{d}}$	$Z_{G2}^{d\bar{d}}$	...	$Z_{GG}^{d\bar{d}}$	Y_{G1}^{d}	...	Y_{GG}^{d}		X_{G}^{d}
非数字经济相关部门	国家 1	$Z_{11}^{\bar{d}d}$	$Z_{12}^{\bar{d}d}$	...	$Z_{1G}^{\bar{d}d}$	$Z_{11}^{\bar{d}\bar{d}}$	$Z_{12}^{\bar{d}\bar{d}}$	...	$Z_{1G}^{\bar{d}\bar{d}}$	$Y_{11}^{\bar{d}}$	...	$Y_{1G}^{\bar{d}}$		$X_{1}^{\bar{d}}$
	国家 2	$Z_{21}^{\bar{d}d}$	$Z_{22}^{\bar{d}d}$	...	$Z_{2G}^{\bar{d}d}$	$Z_{21}^{\bar{d}\bar{d}}$	$Z_{22}^{\bar{d}\bar{d}}$	...	$Z_{2G}^{\bar{d}\bar{d}}$	$Y_{21}^{\bar{d}}$	...	$Y_{2G}^{\bar{d}}$		$X_{2}^{\bar{d}}$
	...	...	...	...	...	...	...	...	...	...	...	...		...
	国家 G	$Z_{G1}^{\bar{d}d}$	$Z_{G2}^{\bar{d}d}$	...	$Z_{GG}^{\bar{d}d}$	$Z_{G1}^{\bar{d}\bar{d}}$	$Z_{G2}^{\bar{d}\bar{d}}$	...	$Z_{GG}^{\bar{d}\bar{d}}$	$Y_{G1}^{\bar{d}}$	...	$Y_{GG}^{\bar{d}}$		$X_{G}^{\bar{d}}$
增加值		Va_{1}^{d}	Va_{2}^{d}	...	Va_{G}^{d}	$Va_{1}^{\bar{d}}$	$Va_{2}^{\bar{d}}$	...	$Va_{G}^{\bar{d}}$					
总投入		X_{1}^{d}	X_{2}^{d}	...	X_{G}^{d}	$X_{1}^{\bar{d}}$	$X_{2}^{\bar{d}}$	...	$X_{G}^{\bar{d}}$					

产品矩阵 A 进一步表示为四个部分：

$$A = \begin{bmatrix} A^{dd} & A^{d\bar{d}} \\ A^{\bar{d}d} & A^{\bar{d}\bar{d}} \end{bmatrix} \quad (7\text{-}2)$$

其中，$A^{dd} = \begin{bmatrix} A_{11}^{dd} & A_{12}^{dd} & \cdots & A_{1G}^{dd} \\ \vdots & \vdots & \ddots & \vdots \\ A_{G1}^{dd} & A_{G2}^{dd} & \cdots & A_{GG}^{dd} \end{bmatrix}$ 描述了全球数字经济相关部门

间的中间使用情况，其主对角线 A_{ii}^{dd} 表示 i 国内数字经济相关部门的中间使用情况，非对角线的块矩阵 $A_{ij}^{dd}, i \neq j$ 反映各国间的数字经济部门的中间使用情况。因此，可将 A^{dd} 进一步拆分成两个矩阵之和，即 $A_D^{dd} + A_F^{dd}$，其中

$$A_D^{dd} = \begin{bmatrix} A_{11}^{dd} & 0 & \cdots & 0 \\ 0 & A_{22}^{dd} & \cdots & 0 \\ \vdots & \vdots & \ddots & \vdots \\ 0 & 0 & \cdots & A_{GG}^{dd} \end{bmatrix}, \quad A_F^{dd} = \begin{bmatrix} 0 & A_{12}^{dd} & \cdots & A_{1G}^{dd} \\ A_{21}^{dd} & 0 & \cdots & A_{2G}^{dd} \\ \vdots & \vdots & \ddots & \vdots \\ A_{G1}^{dd} & A_{G2}^{dd} & \cdots & 0 \end{bmatrix} \quad (7\text{-}3)$$

同理，$A^{d\bar{d}} = A_D^{d\bar{d}} + A_F^{d\bar{d}}$，$A^{\bar{d}d} = A_D^{\bar{d}d} + A_F^{\bar{d}d}$，$A^{\bar{d}\bar{d}} = A_D^{\bar{d}\bar{d}} + A_F^{\bar{d}\bar{d}}$。

记全球列昂惕夫逆矩阵 $B = (I - A)^{-1}$，全球列昂惕夫逆矩阵反映了数字经济相关部门间（内）、数字经济和非数字经济相关部门间以及非数字经济相关部门间（内）的经济联系，相应地，也将 B 划分为四个部分：

$$B = \begin{bmatrix} B^{dd} & B^{d\bar{d}} \\ B^{\bar{d}d} & B^{\bar{d}\bar{d}} \end{bmatrix} \quad (7\text{-}4)$$

为了将不同类型的分工方式划分出来，需要进一步分析 B^{dd}、$B^{d\bar{d}}$、$B^{\bar{d}d}$ 以及 $B^{\bar{d}\bar{d}}$ 块矩阵的构成，可以得到这四个块矩阵满足的重要关系：

$$B^{dd} = B^{*dd} + B^{*dd} A^{d\bar{d}} B^{\bar{d}d}; \quad B^{d\bar{d}} = B^{*dd} A^{d\bar{d}} B^{\bar{d}\bar{d}}$$
$$B^{\bar{d}d} = B^{*\bar{d}\bar{d}} A^{\bar{d}d} B^{dd}; \quad B^{\bar{d}\bar{d}} = B^{*\bar{d}\bar{d}} + B^{*\bar{d}\bar{d}} A^{\bar{d}d} B^{d\bar{d}} \quad (7\text{-}5)$$

其中，B^{*dd} 是全球数字经济列昂惕夫逆矩阵，即 $B^{*dd} = (I - A^{dd})^{-1}$；进一步来看，$B^{*dd}$ 同时包含了各国内和各国间数字经济相关部门的分

工；因此，对 B^{*dd} 进一步分解，记 $L^{*dd} = (I - A_D^{dd})^{-1}$，$L^{*dd}$ 单纯地反映了各国内部数字经济相关部门的经济联系，称为各国内数字经济列昂惕夫逆矩阵。各国内数字经济列昂惕夫逆矩阵与数字全球经济列昂惕夫逆矩阵满足关系：$B^{*dd} = L^{*dd} + B^{*dd} A_F^{dd} L^{*dd}$，同理可得 $B^{*\bar{dd}} = L^{*\bar{dd}} + B^{*\bar{dd}} A_F^{\bar{dd}} L^{*\bar{dd}}$。

在以上各层次列昂惕夫逆矩阵关系基础上，可以进一步将全球列昂惕夫逆矩阵的各部分进一步分析，得到以下分解公式：

$$B^{dd} = \underbrace{L^{*dd}}_{\text{各国内数字经济分工}} + \underbrace{B^{*dd} A_F^{dd} L^{*dd}}_{\text{各国间数字经济分工}} + \underbrace{B_{DM}^{dd}}_{\text{各国内融合经济分工}} + \underbrace{B_{FM}^{dd}}_{\text{各国间融合经济分工}}$$

$$B^{d\bar{d}} = \underbrace{B_{DM}^{d\bar{d}}}_{\text{各国内融合经济分工}} + \underbrace{B_{FM}^{d\bar{d}}}_{\text{各国间融合经济分工}}$$

$$B^{\bar{d}d} = \underbrace{B_{DM}^{\bar{d}d}}_{\text{各国内融合经济分工}} + \underbrace{B_{FM}^{\bar{d}d}}_{\text{各国间融合经济分工}}$$

$$B^{\bar{d}\bar{d}} = \underbrace{L^{*\bar{d}\bar{d}}}_{\text{各国内非数字经济分工}} + \underbrace{B^{*\bar{d}\bar{d}} A_F^{\bar{d}\bar{d}} L^{*\bar{d}\bar{d}}}_{\text{各国间非数字经济分工}} + \underbrace{B_{DM}^{\bar{d}\bar{d}}}_{\text{各国内融合经济分工}} + \underbrace{B_{FM}^{\bar{d}\bar{d}}}_{\text{各国间融合经济分工}}$$

（7-6）

至此，可以得到各国数字经济和非数字经济相关部门的增加值：

$$\begin{bmatrix} V_a^d \\ V_a^{\bar{d}} \end{bmatrix} = \begin{bmatrix} \widehat{V_a^d} \left(L^{*dd} + B^{*dd} A_F^{dd} L^{*dd} + B_{DM}^{dd} + B_{FM}^{dd} \right) Y^d + \widehat{V_a^d} \left(B_{DM}^{d\bar{d}} + B_{FM}^{d\bar{d}} \right) Y^{\bar{d}} \\ \widehat{V_a^{\bar{d}}} \left(B_{DM}^{\bar{d}d} + B_{FM}^{\bar{d}d} \right) Y^d + \widehat{V_a^{\bar{d}}} \left(L^{*\bar{d}\bar{d}} + B^{*\bar{d}\bar{d}} A_F^{\bar{d}\bar{d}} L^{*\bar{d}\bar{d}} + B_{DM}^{\bar{d}\bar{d}} + B_{FM}^{\bar{d}\bar{d}} \right) Y^{\bar{d}} \end{bmatrix}$$

（7-7）

通过对式（7-7）进行整理，得到数字全球价值链的增加值的表达式：

$$\text{GVC\_d} = \underbrace{\widehat{V_a^d} B^{*dd} A_F^{dd} L^{*dd} Y^d}_{\text{单一的数字经济价值链增加值 GVC\_d1}}$$

$$\underbrace{+ \widehat{V_a^d} B_{FM}^{dd} Y^d + \widehat{V_a^d} B_{FM}^{d\bar{d}} Y^{\bar{d}} + \widehat{V_a^{\bar{d}}} B_{FM}^{\bar{d}d} Y^d + \widehat{V_a^{\bar{d}}} B_{FM}^{\bar{d}\bar{d}} Y^{\bar{d}}}_{\text{数字和非数字经济融合的价值链增加值 GVC\_d2}}$$

（7-8）

因此，数字全球价值链由全球范围内数字经济相关部门的内部分工带来的增加值和数字经济相关部门与非数字经济相关部门融合分工带来的增加值两个部分组成。

四、数据来源与说明

本章使用亚洲开发银行（ADB）编制的最新 2007—2020 年国际多区域投入产出表（MRIOTs）进行计算和分析。最新的 ADB-MRIO 数据涵盖了全球主要的 62 个国家（地区）和 35 个产业部门，以及被称为"世界其他地区"的其他经济体的总和。具体产业部门见亚洲开发银行的官方网站。

第四节 数字全球价值链的测算结果与分析

一、数字全球价值链增加值及比重

从全球层面上看，图 7-1 描绘了 2007—2020 年数字全球价值链增加值及其占全球价值链（GVC）增加值的比重。

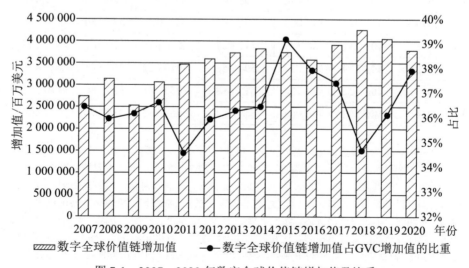

图 7-1　2007—2020 年数字全球价值链增加值及比重

从增加值总量来看，数字全球价值链的增加值总量呈现出"上升—下降—上升—下降"的波动上升趋势。自 2007 年和 2008 年的增长后于 2009 年骤降，而后逐年增加，经历 2015 年和 2016 年全球贸易低迷后在 2018 年达到顶峰，之后两年呈下降的态势。从占比来看，数字全球价值链的增加值占全球价值链（GVC）增加值的比重呈现出波动升高的趋势，从 2007 年的 36% 升高至 2020 年的 38%。

进一步从国家和区域层面考察数字全球价值链的分解结果。将亚洲开发银行的国际多区域投入产出表中的 62 个经济体划分为一带一路沿线经济体、主要发达经济体、其他发达经济体、世界其他经济体①，并将中国和美国单独列出以进行比较分析。表 7-2 展示了各经济体数字全球价值链增加值②。

表 7-2　2007—2020 年主要经济体数字全球价值链增加值

单位：百万美元

年　份	中　国	美　国	一带一路沿线经济体	主要发达经济体	其他发达经济体	世界其他经济体
2007	222 019	307 212	427 916	938 203	348 704	479 208
2008	289 186	338 953	505 701	1 006 632	390 805	587 653
2009	237 465	290 984	408 480	803 736	320 058	452 496
2010	341 027	340 028	506 097	944 880	337 150	576 336
2011	402 337	360 897	575 627	1 036 025	370 306	702 147
2012	442 859	381 933	594 756	1 019 022	360 841	772 435
2013	496 222	390 728	613 688	1 053 586	384 440	770 231
2014	546 502	402 002	619 734	1 068 283	388 110	774 806

① "一带一路"沿线经济体：保加利亚、塞浦路斯、捷克、爱沙尼亚、希腊、克罗地亚、匈牙利、印度尼西亚、印度、立陶宛、拉脱维亚、波兰、罗马尼亚、俄罗斯、斯洛伐克、斯洛文尼亚、土耳其、孟加拉国、马来西亚、菲律宾、泰国、越南、哈萨克斯坦、蒙古、斯里兰卡、巴基斯坦、斐济、老挝、文莱、不丹、吉尔吉斯斯坦、柬埔寨、马尔代夫、尼泊尔、新加坡。主要发达经济体：澳大利亚、加拿大、德国、法国、英国、意大利、日本、韩国。其他发达经济体：奥地利、比利时、瑞士、丹麦、西班牙、芬兰、爱尔兰、卢森堡、荷兰、挪威、葡萄牙、瑞典。世界其他经济体：巴西、墨西哥、马耳他、其他经济体（ROW）。
② 各经济体数字全球价值链增加值为加总值。

续表

年份	中国	美国	一带一路沿线经济体	主要发达经济体	其他发达经济体	世界其他经济体
2015	553 986	410 825	578 993	990 029	369 293	811 179
2016	517 811	402 795	563 034	1 000 593	363 445	701 560
2017	565 461	426 849	639 468	1 075 256	399 143	779 006
2018	545 809	516 783	705 253	1 125 677	444 158	897 234
2019	514 045	525 303	721 633	1 086 110	438 331	744 035
2020	538 925	467 455	688 998	1 016 675	414 471	642 646
增长率(%)	143	52	61	8	19	34

测算结果显示，中国数字全球价值链增加值伴随着数字经济的快速发展在样本期内呈现出稳定上升趋势，从 2007 年的 0.2220 万亿美元上升至 2020 年的 0.5389 万亿美元，增长了 1.43 倍，并在 2010 年首次超越美国。除中国和美国外，主要发达经济体和其他发达经济体仍然在数字全球价值链中占据领先位置，创造了超过一半的价值。同时，一带一路沿线经济体数字全球价值链增加值的增长率要远高于主要发达经济体、其他发达经济体和世界其他经济体。

二、数字全球价值链增加值构成及比重

表 7-3 展示了 2007 年和 2020 年各国（地区）数字全球价值链增加值构成及其占数字全球价值链总增加值的比重。可以发现，2007 年全球层面的数字全球价值链增加值为 2.74 万亿美元，其中，单一数字全球价值链增加值为 0.17 万亿美元，融合数字全球价值链增加值为 2.57 万亿美元；2020 年全球层面的数字全球价值链增加值为 3.79 万亿美元，其中，单一数字全球价值链增加值为 0.20 万亿美元，融合数字全球价值链增加值为 3.59 万亿美元。同时，2007 年和 2020 年全球层面的数字全球价值链增加值占全球价值链增加值的比重分别为 36.45% 和 37.91%，其中，单一数字全球价值链增加值占数字全球价

值链增加值的比重分别为6.35%和5.23%，融合数字全球价值链增加值占数字全球价值链增加值的比重分别为93.65%和94.77%，融合数字全球价值链增加值占比远远高于单一数字全球价值链增加值占比。这说明，近十五年来融合数字全球价值链增加值以绝对优势占据数字全球价值链的主导地位，且占比有所增加。

进一步分国家来看，2007年数字全球价值链增加值最高的5个国家为美国、德国、中国、日本和英国，数字全球价值链增加值分别为0.3072万亿美元、0.2304万亿美元、0.2220万亿美元、0.1863万亿美元和0.1267万亿美元；2020年数字全球价值链增加值最高的5个国家为中国、美国、德国、日本和韩国，分别为0.5389万亿美元、0.4675万亿美元、0.2348万亿美元、0.1932万亿美元和0.1803万亿美元。2007—2020年，数字全球价值链增加值前五的国家变化很小，只有韩国超过英国跻身其中，其他国家只在排名上稍有变动，中国已超越美国占据第一的位置。同时，各国（地区）数字全球价值链增加值占数字全球价值链总增加值比重排名与绝对数排名几乎保持一致，排名前五的国家创造了近40%的数字全球价值链总增加值。从各国（地区）数字全球价值链增加值的构成来看，2007年单一数字全球价值链增加值排名前五的国家为美国、日本、德国、中国和韩国，分别为0.0242万亿美元、0.0197万亿美元、0.0146万亿美元、0.0143万亿美元和0.0141万亿美元；2020年单一数字全球价值链增加值排名前5的国家为美国、韩国、中国、日本和德国，分别为0.0283万亿美元、0.0250万亿美元、0.0240万亿美元、0.0145万亿美元和0.0122万亿美元。2007—2020年，单一数字全球价值链增加值排名前5的国家同样只有排序的变动，美国始终处于第一位置，德国和日本被中国和韩国赶超。此外，美国、日本和韩国等11个国家单一数字全球价值链增加值占数字全球价值链增加值比重高于全球平均水平，中国占比低于全球平均水平。由于融合数字全球价值链增加值构成了数字全球价值链增加值的九成以上，融合数字全球价值链增加值与数字全球价值增加值的排序几乎保持一致。此外,韩国、日本和美国等 11 个国家融合数字全球价值链增加值占数字全球价值链增加值比重低于全球平均水平,中国占比高于全球平均水平。这说明,中国虽然在数字全球价值链增加值各组成部门的总量很大,但单一数字全球价值链增加值相较于发达国家而言,还有很大的发展空间。

表 7-3 2020 年各国(地区)数字全球价值链增加值构成及占数字全球价值链总增加值的比重

单位:百万美元

国家(地区)	单一数字全球价值链增加值		融合数字全球价值链增加值		数字全球价值链增加值		占数字全球价值链总增加值比重(%)	
	2007 年	2020 年	2007 年	2020 年	2007 年	2020 年	2007 年	2020 年
澳大利亚	398	423	40 648	75 791	41 046	76 215	1.50	2.01
奥地利	1 448	1 366	24 876	28 200	26 325	29 566	0.96	0.78
比利时	1 021	760	34 709	36 543	35 730	37 303	1.30	0.98
保加利亚	51	211	2 156	4 852	2 207	5 063	0.08	0.13
巴西	334	284	27 464	43 730	27 798	44 014	1.01	1.16
加拿大	2 222	1 075	68 548	63 555	70 770	64 630	2.58	1.71
瑞士	2 643	2 840	35 679	55 561	38 322	58 401	1.40	1.54
中国	14 253	24 048	207 766	514 877	222 019	538 925	8.10	14.22
塞浦路斯	19	43	1 026	1 622	1 045	1 665	0.04	0.04
捷克	941	1 074	14 386	19 619	15 327	20 693	0.56	0.55
德国	14 551	12 247	215 876	222 602	230 427	234 849	8.41	6.20
丹麦	656	533	16 220	19 469	16 876	20 001	0.62	0.53
西班牙	1 159	1 074	46 941	41 980	48 100	43 054	1.76	1.14
爱沙尼亚	77	67	1 499	2 142	1 577	2 209	0.06	0.06
芬兰	1 075	410	18 685	16 067	19 760	16 476	0.72	0.43
法国	5 131	2 850	95 840	83 331	100 971	86 181	3.68	2.27
英国	4 816	3 351	121 910	110 842	126 726	114 193	4.62	3.01
希腊	145	128	8 669	6 835	8 814	6 963	0.32	0.18
克罗地亚	119	102	2 835	2 883	2 955	2 984	0.11	0.08
匈牙利	656	674	9 946	12 394	10 602	13 068	0.39	0.34

续表

国家（地区）	单一数字全球价值链增加值		融合数字全球价值链增加值		数字全球价值链增加值		占数字全球价值链总增加值比重(%)	
	2007年	2020年	2007年	2020年	2007年	2020年	2007年	2020年
印尼	780	626	22 839	36 191	23 618	36 817	0.86	0.97
印度	700	3 011	37 078	74 357	37 778	77 368	1.38	2.04
爱尔兰	1 427	2 811	22 307	49 790	23 734	52 601	0.87	1.39
意大利	2 937	2 034	85 633	65 008	88 570	67 042	3.23	1.77
日本	19 664	14 513	166 670	178 720	186 334	193 233	6.80	5.10
韩国	14 052	24 960	79 307	155 373	93 359	180 333	3.41	4.76
立陶宛	49	108	1 911	4 159	1 960	4 268	0.07	0.11
卢森堡	199	229	5 896	9 228	6 095	9 457	0.22	0.25
拉脱维亚	27	42	1 312	2 246	1 339	2 288	0.05	0.06
墨西哥	1 082	2 518	27 523	41 374	28 604	43 892	1.04	1.16
马耳他	40	26	625	1 438	665	1 464	0.02	0.04
荷兰	1 680	1 651	59 159	84 436	60 839	86 087	2.22	2.27
挪威	518	279	28 650	17 094	29 168	17 372	1.06	0.46
波兰	719	1 066	21 530	35 983	22 249	37 049	0.81	0.98
葡萄牙	362	298	8 453	9 072	8 815	9 370	0.32	0.25
罗马尼亚	513	859	8 221	14 056	8 734	14 914	0.32	0.39
俄罗斯	531	512	79 265	82 523	79 796	83 035	2.91	2.19
斯洛伐克	257	294	5 347	7 162	5 603	7 455	0.20	0.20
斯洛文尼亚	151	267	3 274	4 732	3 426	4 999	0.12	0.13
瑞典	1 885	866	33 056	33 916	34 940	34 782	1.27	0.92
土耳其	244	469	17 809	23 985	18 053	24 454	0.66	0.65
美国	24 153	28 300	283 059	439 155	307 212	467 455	11.21	12.34
孟加拉国	17	74	694	1 408	711	1 482	0.03	0.04
马来西亚	6 816	4 840	24 498	50 061	31 314	54 901	1.14	1.45
菲律宾	2 772	1 748	12 236	16 596	15 008	18 344	0.55	0.48
泰国	307	643	16 153	28 978	16 460	29 621	0.60	0.78
越南	296	1 615	4 213	19 435	4 509	21 050	0.16	0.56

续表

国家（地区）	单一数字全球价值链增加值		融合数字全球价值链增加值		数字全球价值链增加值		占数字全球价值链总增加值比重(%)	
	2007年	2020年	2007年	2020年	2007年	2020年	2007年	2020年
哈萨克斯坦	63	62	9 358	9 808	9 420	9 870	0.34	0.26
蒙古	2	7	591	1 649	593	1 656	0.02	0.04
斯里兰卡	34	35	858	928	892	962	0.03	0.03
巴基斯坦	12	18	1 573	1 995	1 585	2 013	0.06	0.05
斐济	1	1	98	136	99	137	0.00	0.00
老挝	2	5	136	1 017	138	1 023	0.01	0.03
文莱	9	12	1 781	1 498	1 790	1 509	0.07	0.04
不丹	0	0	66	94	66	95	0.00	0.00
吉尔吉斯斯坦	1	3	114	265	115	268	0.00	0.01
柬埔寨	3	21	208	1 221	211	1 242	0.01	0.03
马尔代夫	2	8	164	327	166	336	0.01	0.01
尼泊尔	4	10	157	349	161	359	0.01	0.01
新加坡	3 737	4 979	25 114	54 493	28 852	59 472	1.05	1.57
世界其他地区	19 376	18 263	402 764	535 013	422 140	553 276	15.40	14.60
全球	174 128	198 230	2 566 528	3 590 971	2 740 656	3 789 201	100	100

三、不同最终需求引致的数字全球价值链增加值及比重

根据最终需求的类型不同，将数字全球价值链增加值划分为来自数字经济相关部门最终需求和来自非数字经济相关部门最终需求两个部分。图 7-2 给出了 2007—2020 年全球层面两种最终需求引致的数字全球价值链增加值的动态变化结果。

结果表明，在全球范围内为满足非数字经济相关部门需要的数字全球价值链增加值在近十五年呈现出波动上升趋势，从 2007 年的 1.6883 万亿美元上升至 2020 年的 2.4861 万亿美元，增长 47.26%。与此同时，数字经济相关部门最终需求引致的数字全球价值链增加值

与非数字经济相关部门最终需求引致的数字全球价值链增加值增长趋势几乎一致，但仅增长 25.80%。2009 年和 2016 年，数字经济与非数字经济相关部门最终需求引致的数字全球价值链增加值均呈现出骤降的趋势。非数字经济相关部门最终需求引致的数字全球价值链增加值约为数字经济相关部门最终需求引致的数字全球价值链增加值的 2 倍，这说明在数字技术与传统产业深入融合的背景下，非数字经济相关部门相较于数字经济相关部门对数字产品和服务产生了更大的需求，以满足自身的产业转型和升级。

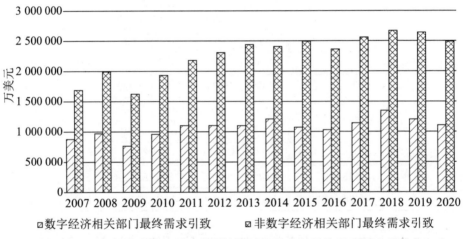

图 7-2　2007—2020 年数字经济与非数字经济相关部门最终需求引致的数字全球价值链增加值

本章进一步以世界、中国和美国为例，描绘了 2007—2020 年其数字经济与非数字经济相关部门最终需求引致的数字全球价值链增加值占各自数字全球价值链增加值的比重，如图 7-3 所示。从整体上看，在中国和美国内部非数字经济相关部门最终需求引致的数字全球价值链增加值的比重远高于数字经济相关部门最终需求引致的数字全球价值链增加值的比重，这与世界总体趋势保持一致。

从数字经济相关部门最终需求引致的数字全球价值链增加值所占

比重的动态变化来看，该比重呈现出缓慢递降的趋势，世界平均水平从 2007 年的 38.40% 降至 2020 年的 34.39%。其中，2007 年和 2020 年美国和世界平均水平几乎持平，分别为 37.94% 和 34.68%，中国仅为 34.32% 和 29.34%，中国的占比低于美国和世界平均水平并伴随着差距缓慢增大的趋势。从非数字经济相关部门最终需求引致的数字全球价值链增加值比重的动态变化来看，该比重远高于前者，并且呈现出逐年稳定递增的趋势，世界平均水平从 2007 年的 61.60% 升高至 2020 年的 65.61%。其中，2020 年中国的比重为 70.66%，高于美国的 65.33% 和世界平均水平，中国的占比高于美国和世界平均水平并伴随着差距缓慢增大的趋势。这说明，相较于美国和世界平均水平，中国非数字经济相关部门最终需求对数字全球价值链增加值的拉动更加显著且伴有优势逐渐扩大的趋势。

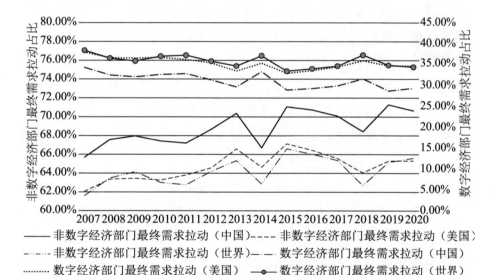

图 7-3 2007—2020 年全球、中国和美国数字经济与非数字经济相关部门最终需求引致的数字全球价值链增加值占比

此外，根据各经济体参与数字全球价值链方式的不同，可以从产业链关联度、参与分工的深浅等多个角度对数字全球价值链增加值进

行分析。在后续研究中，我们将进一步从多维度全方面地展现数字全球价值链增加值测算结果，并考虑对变动进行更深层次的剖析。

第五节 结论

本章现阶段所得结论如下：

第一，数字全球价值链的增加值总量占全球价值链（GVC）增加值的比重呈现出"上升—下降—上升—下降"的波动上升趋势。同时，在样本期内中国和一带一路沿线经济体数字全球价值链的增加值增长率远高于美国、主要发达经济体、其他发达经济体和世界其他经济体。但美国、主要发达国家和其他发达国家仍然在数字全球价值链中占据领先位置，创造了超过一半的价值。

第二，融合数字全球价值链增加值总体上高于单一数字全球价值链增加值，以绝对优势占据数字全球价值链增加值的主导地位，且占比呈现小幅度上升。2007—2020 年间，无论是单一还是融合数字全球价值链增加值，中国、美国、德国、日本和韩国一直保持在排名前列，只存在顺序的稍微变动。从数字全球价值链增加值构成来看，中国单一数字全球价值链增加值占比低于全球平均水平，融合数字全球价值链增加值占比高于全球平均水平。

第三，非数字经济相关部门最终需求引致的数字全球价值链增加值增长快，呈现出稳定波折上升趋势，约为数字经济相关部门最终需求引致的数字全球价值链增加值的 2 倍。中国数字经济相关部门最终需求引致的数字全球价值链增加值比重低于美国和世界平均水平，非数字经济相关部门最终需求引致的数字全球价值链增加值比重高于美国和世界平均水平。这说明，相较于美国和世界平均水平，中国非数字经济相关部门最终需求对数字全球价值链增加值的拉动更加显著且伴有优势逐渐扩大的趋势。

参考文献

[1] 方英. 数字贸易成为全球价值链调整的重要动力[J]. 人民论坛，2021（1）.

[2] 国务院发展研究中心"国际经济格局变化和中国战略选择"课题组，李伟、隆国强、张琦、赵晋平、王金照、赵福军. 未来15年国际经济格局变化和中国战略选择[J]. 管理世界，2018（12）.

[3] 国家统计局. 数字经济及其核心产业统计分类（2021）[EB/OL]. http://www.stats.gov.cn/tjsj/tjbz/202106/t20210603_1818134.html.

[4] 关会娟、许宪春、张美慧、郁霞. 中国数字经济产业统计分类问题研究[J]. 统计研究，2020（12）.

[5] 贺少军. 积极参与全球数字贸易规则制定[N]. 国际商报，2020-04-23，第3版.

[6] 吕延方、方若楠、王冬. 中国服务贸易融入数字全球价值链的测度构建及特征研究[J]. 数量经济技术经济研究，2020（12）.

[7] 孙志燕、郑江淮. 积极应对全球价值链数字化转型的挑战[N]. 经济日报，2021-01-08，第9版.

[8] 王直、魏尚进、祝坤福. 总贸易核算法：官方贸易统计与全球价值链的度量[J]. 中国社会科学，2015（9）.

[9] 徐金海、夏杰长. 全球价值链视角的数字贸易发展：战略定位与中国路径[J]. 改革，2020（5）.

[10] 张艳萍、凌丹、刘慧岭. 数字经济是否促进中国制造业全球价值链升级？[J]. 科学学研究，2022（1）.

[11] BEA. Defining and Measuring the Digital Economy[EB/OL]. https://www.bea.gov/sites/default/files/papers/defining-and-measuring-the-digital-economy.pdf，2018.

[12] Department for Digital, Culture, Media & Sport. DCMS Sectors Economic Estimates[EB/OL]. https://www.gov.uk/government/publications/dcms-sectors-economic-estimates-methodology/dcms-sector-economic-estimates-methodology，2021.

[13] Daudin G, Rifflart C, Schweisguth D. Who produces for whom in the world economy?[J]. Canadian Journal of Economics/Revue canadienne d'économique, 2011, 44(4): 1403-1437.

[14] Hummels D L, Ishii J, Yi K M. The Nature of Growth of Vertical Specialization in World Trade[J]. Journal of International Economics, 2001, 54(1):75-96.

[15] Johnson R C, Noguera G. Accounting for intermediates: Production sharing and trade in value added[J]. Journal of international Economics, 2012, 86(2): 224-236.

[16] Koopman R, Wang Z, Wei S J. Tracing Value-Added and Double Counting in Gross Exports[J]. Social Science Electronic Publishing, 2014, 104(2):459-494.

[17] Wang Z, Wei S J, Yu X, et al. Characterizing Global Value Chains: Production Length and Upstreamness[J]. Social Science Electronic Publishing, 2017.

第八章

数据资产及其核算问题研究

西南财经大学统计学院副教授 彭刚

西南财经大学统计学院博士研究生 李杰

西南财经大学统计学院讲师 朱莉

本章基于SNA围绕数据资产核算系列理论和实践问题展开探讨，首先从数据概念出发，对数据资产的概念与性质进行讨论和辨析，然后探究数据资产核算范围界定、类别归属和列示处理、估值方法选择等问题，最后以高校为例探索了数据资产核算实践问题。主要贡献有：第一，在概念和性质上，指出当今数据概念较过去并未发生根本变化，但数据资产应同时具备可观测性、生产性、数字化和长寿命四个重要特征；第二，在核算处理上，通过对个人所拥有数据、单条数据和少数若干条聚合数据、传统财会数据以及用户隐私数据纳入资产问题进行讨论，给出了数据资产核算范围的界定，并提出应拓展现有SNA中知识产权产品的范围、分类并将数据和数据库合并处理，数据资产估值方法应根据交易性和自给性数据分开选择，且基于收入贴现的估值方法并不适用等观点；第三，在核算实践上，提出对于外购交易性数据应根据访问部署方式来区分资产属性，进一步讨论了自给性数据资产识别的四个问题，对几种代表性数据资产估值问题进行了分析，最后给出了高校数据资产存量核算的方法和实现路径。本研究可为宏观视角下开展数据资产核算理论研究和实践工作提供一定借鉴。

第一节　引言

近年来，随着大数据、云计算、人工智能、区块链、物联网等数字技术不断突破与发展，数字经济快速发展，成为促进经济增长的新的重要动力。在数字经济时代，数据的价值和作用不断凸显，成为最关键的核心生产要素，也日益成为企业和国家重要的战略资产和核心生产力。谁掌握了数据，谁就在数字经济发展浪潮中拥有更多的话语权。当前，数据规模正持续沿着摩尔定律方向进发，呈现出爆发式增长，大约每两年翻一番。数据驱动型生产和生活方式，正在向各个领域渗透拓展，成为未来世界经济发展演变的潮流和趋势。2015年8月，国务院印发《促进大数据发展行动纲要》，明确提出数据已成为国家基础性战略资源，要加大投入力度，加强数据存储、整理、分析处理、可视化、信息安全与隐私保护等领域技术产品的研发，打造较为健全的大数据产品体系；2020年4月，中共中央、国务院印发《关于构建更加完善的要素市场化配置体制机制的意见》，明确提出将数据作为与土地、劳动力、资本、技术等并列的生产要素，并提出加快培育数据要素市场，提升社会数据资源价值。

鉴于数据所发挥出的重要作用，无论是出于充分评估企业价值、推动数据市场交易、全面反映消费者福利的需要，还是从宏观层面测算数据对经济增长的贡献、更好地推动数字经济发展，都有必要对数据资产的价值进行核算（李静萍，2020）。然而，现有国民经济核算体系对数据及其资产的核算反映存在一定的迟滞性，在核算理论方法和实践层面都滞后于现实需求，大量数据及其资产尚未纳入核算范围，数据的价值及其对经济增长的贡献无法得到客观反映。数据及其资产核算工作的缺位，带来了一系列不良影响，如：对固定资本形成总额等重要宏观经济总量指标由此可能带来一定程度低估，导致从需求角度解释经济增长的能力和可信度下降（许宪春和张美慧等，2021）。

国际组织也注意到了现有《国民账户体系（2008）》（简称 2008 年 SNA）在数据及其资产核算方面的不足，秘书处间国民账户工作组（简称 ISWGNA①）已经将数字化作为 SNA 未来更新的三大优先议题之一。探讨数据及其资产核算理论和方法，已成为当前国民经济核算亟需解决的重要议题。

现有围绕数据及其资产核算的研究，主要有企业会计核算和国民经济核算两个维度，前者在一定程度上可视为后者的微观基础，但两者关注的重点有一定差异。企业数据资产会计核算，已有研究主要集中在基于会计准则的数据资产确认、计量和记录等问题探讨（吕玉芹和袁昊等，2003；唐莉和李省思，2017；张俊瑞和危雁麟等，2020）。尽管数据资产与专利等无形资产在一定程度上相类似（翟丽丽和王佳妮，2016），但数据资产的确认与无形资产存在多方面差异，应作为一项独立的资产进行确认，且外购数据资产和自主研发数据资产的确认处理也有一定差异（李雅雄和倪杉，2017）。数据资产的计量一般包括初始计量、后续计量和期末列报三个环节。数据资产是一种典型的虚拟性和资源性资产，因此其定价机制更加复杂（韩海庭和原琳琳等，2019）。如何对数据资产价值进行初始计量，目前尚存在一定分歧：一种观点认为，不宜采用原始投入价值，建议采用收益现值法（唐莉和李省思，2017）；另一种则认为，能在大数据交易平台获得公开报价的可以采用公允价值计量，否则应采用成本法进行计量（李雅雄和倪杉，2017；张俊瑞和危雁麟等，2020）。

目前，宏观层面如何在国民经济核算体系中纳入数据资产的研究还很少（李静萍，2020），在国家实践方面也仅有加拿大开展了对数据价值的实验估计（Statistics Canada，2019a）。开展数据资产核算

---

① ISWGNA（Intersecretariat Working Group on National Accounts）是联合国统计委员会（UNSC）为加强在同一领域工作的国际组织之间的合作而设立的最古老的机构间机构之一，负责对 SNA 进行更新，它包括五个成员：欧盟委员会、国际货币基金组织、经济合作与发展组织、联合国和世界银行。

需要重点解决三个方面问题,即数据资产的统计范围、资料来源和价值测度方法(许宪春,2020)。在字典网中数据被界定为:(1)为参考或分析而收集的事实和统计资料;(2)计算机执行操作所依据的数量、字符或符号,以电信号的形式存储和传输,并记录在磁性、光学或机械记录媒体上(Reinsdorf 和 Ribarsky,2019)。对于数据资产分类,Ahmad 和 Ven(2018)认为,数据应继续被视为非生产资产,因为如果处理为生产性资产,则会在概念上打开其他形式知识资本化的大门,这可能会扭曲对 GDP 结果的有意义分析,而当数据被视为非生产资产时,这种"扭曲"就显得不那么重要。高敏雪(2019)也认为,虽然数据资源具有巨大价值,但并非经济生产的产出,其产权没有确定的归属,所以无法将其纳入核算范围,不能作为资产核算。Reinsdorf 和 Ribarsky(2019)进一步根据 2008 年 SNA 中资产的定义,给出了确定数据是否为资产及其资产类型的决策树,包括是否在一定时期内为经济所有者提供了一项利益或一系列利益、是否从生产过程中产生、是否用于生产以及是否重复使用超过一年。

开展数据资产的价值核算具有很大困难。Viscusi 和 Batini(2014)将数据价值分解为信息能力和信息效用,能力又可细分为质量、结构、扩散和基础设施,效用则是基于财务价值、针对性和交易成本。估算数据价值的方法非常多,但归结起来主要有市场法、成本法和收入法(Li 等,2018)。按照 SNA 估值的一般原则,当发生市场交易时,应当使用市场价格进行估值,对于数据资产的估值同样适用。然而,由于数据是一种特殊的无形资产,缺乏明确的市场以及交易较少发生(Nguyen 和 Paczos,2020),市场法的价值核算只能够适用于外购数据资产。实际上,许多统计机构是使用"成本总和"法来衡量软件、数据库和自给性研发的总固定资本形成(Reinsdorf 和 Ribarsky,2019)。2008 年 SNA 对于所创建数据库的估值,也是推荐采用成本总和法,但不包括数据库管理系统以及获取或得到数据的成本。对此,Ahmad 和 Ven(2018)认为,不论就如何处理单方或交易性数据作出何种决定，都应当扩展数据库的成本总和法，将收集数据、分析数据的全部成本都纳入进来。Statistics Canada（2019a）对加拿大数据投资价值的实验性估算也使用了成本总和法，相关成本包括生产过程中产生的人工成本加上相关的非直接人工和其他成本，如相关的人力资源管理和财务控制、电力、建筑维修和电信服务的成本。

宏观层面的数据资产核算理论及其实践作为一个新的前沿话题，尽管 SNA 咨询专家组（AEG）已就如何在国民账户中对数据进行记录和估值方面取得了不少研究进展，但目前仍然还存在大量争议和问题有待进一步明晰。本章将基于 SNA 围绕数据及其资产核算，展开下述三个问题探究：一是对数据及其资产的相关概念和属性进行辨析，特别是可观测现象的概念、数据的生产或非生产属性等；二是数据资产的核算处理问题，包括核算范围、分类与列示、估值等；三是以某高校为例，探究数据资产核算实践的一些问题，特别是数据资产的核算范围和成本总和法中的成本确定。本章对数据资产及其核算理论和实践问题的探讨，有利于进一步推进数据资产的核算研究，同时能够为未来我国官方统计部门开展数据资产核算实践工作提供一定借鉴和参考。

第二节 从数据到数据资产：概念与属性辨析

一、数据概念与比较

从不同角度出发，对数据及其概念的认识和界定可谓纷繁复杂，对于什么是数据，目前尚缺乏一致性定义。对数据概念的认识，难免会触及对数据与信息、知识之间复杂关系的理解。Liew（2007）认为，厘清三者间关系的关键在于数据和信息的来源。活动与场景如果置于可观测条件之下，都能够产生信息，这些信息一旦被捕捉并存储起来，就会成为数据，否则这些信息就会丢失。而对存储的历史数据进行处理和分析，又能推断得到新的信息，部分信息来源于数据。数据不能直接用于创造知识，必须先形成信息，然后借助人的大脑对信息进行吸收和理解的内化处理，才能产生知识。知识可以进一步区分为显性知识（被存储）和隐性知识（被人所掌握）。数据、信息和知识的产生及其关系，具体可见图 8-1。

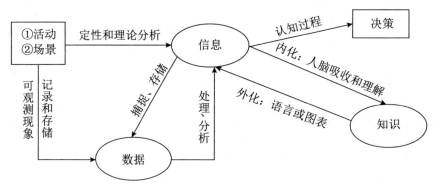

图 8-1 数据、信息和知识的产生及其关系

从对已有研究的梳理来看，数据一般可分为狭义数据与广义数据：狭义的数据就是结构化数据；广义的数据则是指一切可以用一定形式记录和反映的客观事实，是信息的表现方式或载体，包括诸多非结构化数据以及其他任何有可能被纳为统计学研究对象的可存在形式（李金昌，2017）。从此界定来看，农业经济时代的纸张印刷书、工业经济时代计算机的应用，实际上已经出现了文本、图片、音频、视频等众多非结构化的数据。那为何数据只有在数字经济时代才爆发出了如此大的效用呢？最为根本的原因在于移动互联等一系列关键数字技术的突破发展。数据从自然状态到最终应用，一般需要经过数据的收集—存储—传输—处理—应用等一系列环节。只有在数字经济时代，移动互联等一系列数字技术得到突破发展和广泛应用时，才能实现将数字化形式数据快速高效低成本浓缩到集成元件中，并借助计算机和网络实现广泛传播和应用。这也反映出数据具有非竞争特点，即数据能够在不同程度上被共享，许多人可以同时使用相同的数据，而不会耗尽它。

ISWGNA 数字化小组在总结 Statistics Canada（2019b）等数据定义的基础上，给出了一个更为具体的定义，即数据是通过以数字化形式收集、记录、组织和存储可观测现象而产生的信息内容，可通过电子方式访问以供参考或处理（ISWGNA，2020）。这一概念具有以下几个特征：一是认为数据是信息内容，是将可观察现象转化为数字化形式生产过程的结果；二是区分了生产所产生的数据和非生产自然发生的可观测现象；三是概述了数据的用途，包括引用或处理；四是只包括数字化的数据，非数字化数据难以产生如此巨大的价值。

可见，数字经济时代数据的概念与之前并未发生根本性变化，但更加强调数据是以数字化形式对可观测现象的呈现（非数字化形式存储的数据被排除在定义外），各种结构化和非结构化类型的数据沿着摩尔定律，在诸多领域不断发挥出越来越重要的作用。

二、数据资产及其性质辨析

2008 年 SNA 给出了资产的一般性定义：资产是一种价值储备，代表经济所有者在一定时期内通过持有或使用某实体所产生的一次性或连续性经济利益，它是价值从一个核算期向另一个核算期结转的载体。结合此资产定义，可以给出数据资产的定义：其经济所有者通过在生产中至少使用一年并获得经济利益的数据（长寿命数据）为固定资产（ISWGNA，2020）。从给出的定义来看，数据资产除收益性特征外，下述几个性质也值得关注，或可为数据资产核算范围确定与核算处理提供重要依据。

一是可观测性。在对数据及其资产的定义中，可观测现象是其中极为重要的概念。可观测现象是普遍存在的，是指源于自然状态或事件的单一事件或一段信息的发生。这可能是由于经济中的事件、互动和参与者的参与造成的，也可以通过一个人的行动或信息而存在，或者是双方互动的直接结果以及作为生产的副产品（ISWGNA，2020）。可观测现象并不来自生产过程，而是置于数据生产的前端。

如电话号码，一旦产生，它们就简单地存在，并成为可观测现象，可以被捕捉以产生一次或多次数据，然而由于号码相关生产已经包括在生产单位的市场或非市场产出中，此时它们将被视为非生产的可观察现象。

数据及其资产在本质上就是将大量可观测现象进行记录和存储，这反过来也赋予了数据资产可观测性特征。尽管可观察现象十分复杂，但一旦被记录和存储下来成为数据，至少意味着其类型、大小和结构等方面是被固定下来的，且可以借助计算机设备实现稳定可视化查看。从此角度来看，数据资产在形态上，与一般性的无形资产（即没有实物形态的可辨认非货币性资产）具有较大差异，这是因为商誉等无形资产总量和结构等具体特征难以测度并被记录下来。

二是生产性。数据资产是否具备生产属性，决定了数据资产属于生产资产还是非生产资产，目前对这一问题尚存在一定分歧。2008年SNA将资产分为金融资产和非金融资产，后者又分为生产资产和非生产资产。生产资产是SNA生产范围内作为生产过程的产出而形成的非金融资产；非生产资产是通过生产过程以外的方式形成的非金融资产[①]。因此，区分的关键就在于数据资产是否来自生产过程的结果。Ahmad和Ven（2018）认为，不应将数据处理为生产资产，因为这样做会导致人们暗中承认所有知识都是生产的，因此应将其视为对国内生产总值的贡献，这实际上会严重扭曲GDP作为宏观经济决策有意义的衡量标准的作用。此外，李静萍（2020）认为，由于数据往往只是经济社会活动的客观伴生物，而非专门生产的产物，数据采集只是将数据记录下来，数据本身并非任何机构单位生产的产出，因而不应当通过生产资产进入国民经济核算体系。

尽管上述将数据资产作为非生产资产处理的观点有一定的道理，但一概处之也会引发一系列难以承受的后果，数据资产的生产性不容忽视。第一，任何数据资产的形成都会涉及一系列生产活动。可观测

---

① 2008年SNA，第10.9段。

现象本身是非生产性的，但从可观测现象到最终形成数据资产，会涉及诸多环节，包括数据源的选择和确定，数据的采集、传输、存储、清洗和处理为可用状态等，并不仅是简单的采集或记录。在此过程中，存在大量围绕数据的生产活动，且这些生产活动都是不可或缺的。第二，专门生产与否并非是判断生产与非生产资产的主要标准，数据是否为专门性生产也往往难以甄别。鉴于数据资产的日益重要的经济价值，其经济所有者往往会主动开展数据生产活动，因而也很难明确数据究竟是伴生物还是有意为之的结果。第三，将数据处理为被生产出来的，并不因此就认定所有知识也都具有生产性。从图8-1可知，知识是人脑对信息内化吸收和理解形成的，如果人脑中的知识不被外化为语言和图表等信息，并被捕捉和存储为数据，那么实际上这些知识是不可观测的，相应其价值更是无从体现。而且，SNA也并没有一概否定知识的价值，当知识被外化并可被识别使用时，如形成知识产权产品，那其产出价值在现有核算体系是应当反映而且已被纳入核算中了。第四，成本法是实践中核算数据资产价值的重要方法，包括收集、组织、组装、清理和存储（长寿命）数据等生产过程所涉及的劳动力、资本和材料成本，从这一角度出发也体现了将其处理为生产资产的合理性。综上，数据资产是具有生产性的，更恰当的处理方式应是将其作为生产资产。

三是数字化。数据既可以数字化形式存储，也可以通过纸张、书籍等非数字化形式存储。然而，现有数据资产定义中，强调"以数字化形式产生的信息内容""可通过电子方式访问"等特征。这也意味着其他非数字化的数据，如存在于纸质图书中的信息内容数据，则被排除在SNA生产边界和资产范围之外。如此考量的原因主要有：首先，与数字化形式的强大存储能力相比，纸质化等非数字形式存储数据能力有限、成本较高，导致其只能存储极小部分经济活动数据，更多的数据需要借助数字化形式存储到计算机设备之中；其次，伴随当代信息技术的发展，电子书、电子杂志、电子文献数据库和文摘等电子出版物逐渐取代印刷版出版物，成为知识和信息的主要载体（李静萍，2020）；再次，数字化的数据具有易于处理和出售、租赁、购买的特性，非数字化形式的数据要实现大规模范围的分享传播、生产应用或市场交易，往往需要先将其转化为数字化形式的数据，相较而言数字化的数据价值更大，对生产的效率和产出具有更大影响；最后，从非数字化的纸质图书等产品中，分离载体和数据并分别核算其价值往往较为困难，并且现有 SNA 中已经对图书的价值进行了反映。

四是长寿命。在不同的生产活动中，有些数据可以被长期使用，而在有些情况下需要不断更新使用新的数据，旧的数据很快会被淘汰，数据的使用寿命具有很大差异。而根据资产的一般性定义，数据只有在生产过程中被长期使用时，通常是指使用一年及以上，才能被视作资产。在生产中使用时间超过一年的数据称为长寿命数据，使用时间短于一年的数据为短寿命数据。长寿命数据具有资产属性，能够在 SNA 中被资本化；短寿命数据虽然也存在、产生并具有经济价值，但其并不具备资产属性。在 SNA 中如何处理短寿命数据，目前还存在较大争议，考虑到的选项是作为中间消耗（从第三方购买时）或辅助活动的产出。

第三节　SNA 框架下数据资产核算处理探究

一、核算范围界定

在所界定数据资产概念的基础上，进一步合理确定其核算范围，是开展数据资产核算工作的重要前提。尽管前述已经讨论了数据及其资产的概念定义，但在具体核算中对于核算范围的界定，究竟是应该严格遵循数据资产的基本定义，还是应当进一步充分考虑核算环境和其他实践因素，需要从数据拥有主体、数据本体以及一些特殊情形数据等方面展开进一步讨论和说明。

（一）个人所拥有数据纳入问题

ISWGNA（2020）对数据资产的定义并未区分其所有者的主体分类，因而非金融公司部门、金融公司部门、广义政府部门和住户部门，都可以成为数据资产的所有者。李静萍（2020）也认为，无论数据主体为何者，只要经济所有权明确、可为其经济所有者带来收益的数据，都可作为数据资产的核算对象。由于生产活动主要集中在非金融公司部门、金融公司部门和广义政府部门三个机构部门，利用其所控制的数据开展生产活动，相应将此部分数据资产纳入 SNA 核算范围显然理所应当。对于住户部门所控制的个人数据，是否应当纳入数据资产核算范围，目前还存在一定争议。

笔者认为，在现阶段不宜将个人所拥有数据纳入数据资产的核算范围，主要原因有：其一，虽然住户部门也开展一些生产活动，但将数据作为主要生产要素的活动却并不多见，更多的是利用存储在个人计算机、手机等设备中的数据进行学习、娱乐等活动，且通常为短暂性使用，不完全满足持续使用（至少一年）并产生收益的资产判定条件；其二，个人拥有数据具有规模较小、个性化程度高等特点，且大部分是来自互联网公开数据或资源，相较于公司部门所控制的自有数据而言往往应用范围狭窄且数据价值较低，不纳入核算也不会对经济总量产生显著影响；其三，准确核算个人利用各类设备存储的个性化数据价值难度极大，这主要由于除外购的电子书等数据，其他个人数据既不发生交易导致缺乏市场交易价格，也难以准确核算获取和存储数据所发生的各类成本。

（二）单条数据和少数若干条聚合数据的纳入问题

单条数据和少数若干条聚合数据，是否能够单独被识别并纳入数据资产范畴，涉及数据资产的最小数量规模界定问题。笔者认为，应当对此进行分类考虑：一是对不同来源数据的处理应有所区别。若数据直接来源于可观测现象，则不宜将其处理为数据资产。可观测现象往往是大量存在的，虽然单个可观测现象可能是有价值的，但对其捕捉形成的单条数据的价值往往很低（接近0），除非其包含非常特殊或稀缺的信息，因而单条数据或少数若干条聚合数据并不符合资产的定义。若数据源于对大量数据的分析处理结果以及信息或知识的捕捉和记录，且具有重要价值，则应将其处理为数据资产。单条数据如果并非直接来源于可观测现象，而是先经过处理等过程形成信息或知识，再借助数据形式对这些信息或知识进行捕捉和记录，且具有重要价值，能用于出售或生产，那其也就符合了资产一般定义，应当被处理为数据资产。例如，某公司通过挖矿获得1个比特币，由于单个比特币本质就是一连串代码，可视为一条数据被处理为数据资产。

二是数据能否被一般性互联网渠道公开获取。单条数据和少数若干条聚合数据，若能够一般性地通过公开的互联网渠道获取，则不能再视为数据资产。SNA对资产的定义中，要求其有明确的经济所有者持有或使用资产对象。如对知识产权产品的描述：开发者能够销售这些知识，或者在生产中使用这些知识来获利，因为通过法律或其他保护手段，这些知识的使用是受到限制的。[①] 与知识产权产品相同，作为资产的数据也应当具备排他性特点，即在某种程度上具有一定的保密性。一旦数据通过互联网途径公开，意味着所有经济主体都能获取这一数据，数据的排他性也就自动消失。虽然数据的初始所有者仍然可以利用其进行生产活动并获得经济利益，但其他经济主体也能够持有和利用数据来获取经济利益。此时，无论是将这些数据仅处理为初始所有者的资产，还是处理为任一应用该数据的经济主体的资产，可能都不恰当。可见，无论数据的规模有多大，只要其成为公开数据，其他经济主体都能够无限制地使用这一数据，那其就不能再被视为资产。

（三）传统财会数据的纳入问题

企业和政府在正常运行过程中，会涉及大量经济活动，出于相应

---

① SNA2008，第10.98段。

的管理或监督需求，为企业业务经营和管理决策提供支撑，通常会将这些活动背后的经济往来借助会计分录的形式予以记录，并进一步编制资产负债表、利润表、现金流量表和所有者权益变动表等相关财务报表。实际上，各国政府和企业很早就开始推进信息化建设，力图借助计算机技术的运用来提高政府的管理决策效率和企业的生产运营效率[1]，其中一个重要内容就是实现财务和会计的信息化转型。因此，企业和政府都拥有大量的财会数据，随着信息化管理的推进，这些数据基本上都是以数字化形式呈现。笔者认为，应当将满足一定条件的企业和政府的财会数据处理为数据资产并核算其价值，以企业为例：首先，财会数据虽早已有之，之前未将其单独处理为资产主要是由于未设定数据资产类型，财务活动被视为一般性的企业管理活动，相应支出也被处理为成本费用；其次，利用财会数据，企业可以及时掌握经营状况，从而不断提升经营能力，进而形成一定的潜在经济利益，符合资产的收益性特征；再次，从现有对数据资产的界定看，财会数据也满足资产的其他要求，将其处理为资产也是遵循SNA在核算处理中实质重于形式的原则。

（四）用户隐私数据的纳入问题

实践中，对数据资产范围的界定难免会涉及企业或个人用户的隐私数据问题。此种隐私数据可分为两类：一类是数字身份数据，主要包括企业或个人特征的基本信息，这类数据往往较为稳定不易发生变动，且是为了获取某些特定使用权而自愿提供的；另一类是数字足迹数据，是指企业或个人用户在线活动过程中留下的各类痕迹信息。从法律角度来看，用户隐私是需要充分得到保护的，因而对于用户隐私数据的开发和利用应当是受限的，如不能将数字身份数据对外出售获利。资产的经济所有权和法律所有权往往并不统一。如：对于某公司

---

[1] 尽管在20世纪出现过所谓的"索洛悖论"现象（又称"生产率悖论"），在ICT方面投入了大量的资源，而对生产率的提升作用十分有限，但企业的信息化建设之路一直未曾停止，近年来又兴起了数字化和智能化转型。

利用平台收集的数字身份数据,该公司是不具有数据的法律所有权的,但公司事实上对数据进行了控制和使用,因而具有该数据的经济所有权。虽然 SNA 对资产的界定中,仅是强调了经济所有权,而没有强调法律所有权,但法律所有权是会对经济所有权的界限形成重要影响的,即其某些经济用途会受到限制。以此来看,相关法律规定最终会影响到隐私数据的使用路径,但这部分数据仍然可用于企业自身生产经营活动之中,数据的使用以及经济利益的形成并未完全被限制。因此,用户隐私数据仍然可以被纳入数据资产的核算范围之中。

综上,结合前述数据资产的定义及其性质,笔者认为,现阶段可将数据资产的核算范围界定为:非金融公司部门、金融公司部门和广义政府部门拥有经济所有权,可电子化访问,被投入生产过程的数字化形式的信息内容,在生产中至少使用一年并持续产生经济利益的一定数量的无法通过互联网公开获取的长寿命数据。

二、资产类型和列示处理

在界定数据资产的核算范围后,还需要进一步明确其所属的资产类型。从现有 SNA 资产分类来看,由于数据资产具有生产性特征,因而其应当处理为生产性资产而包括在非金融资产下的固定资产类别之中,无论其是来自外购交易还是自给性生产。数据不能归类为存货,因为它不能像其他存货一样退出资本存量,也不能归类为贵重物品,因为获取数据的主要目的不是存储价值(ISWGNA,2020)。在固定资产中,具体应当如何记录和处理数据资产则需要进一步讨论。

(一)数据与知识产权产品

在固定资产分类中,与数据具有高度关联的是知识产权产品。2008 年 SNA 将知识产权产品界定为研究、开发、调查或者创新的成果,这些行为会产生知识,开发者能够销售这些知识,或者在生产中使用这些知识来获利,因为通过法律或者其他保护手段,这些知识的使用是受限制的。① 现有知识产权产品是对原无形资产概念的扩展，强调的是知识及其作用的发挥，这与数据及其资产的界定具有一定的差异性，因为数据与知识两者不能简单混同。此外，知识产权产品的生产过程具有较强创造性，其产品往往具有一定的新奇、独特性，很难再独立生产出相同或相似的知识产权产品；数据的生产则不然，不同主体能够借助不同的途径收集到同样的数据。因此，现有知识产权产品概念从范围上很难完全覆盖数据资产，若要将后者纳入，则需要进一步拓展现有知识产权产品概念。笔者认为，可以将目前 2008 年 SNA 中的知识产权产品分类拓展为"数据与知识产权产品"，这样既不会对现有分类造成重大变化，也能够很好地囊括新的数据资产类型。

（二）"数据"还是"数据和数据库"

现有 2008 年 SNA8 知识产权产品细分类包括计算机软件和数据库，与数据资产的关系应该最为密切。所谓数据库，是指以某种高效访问和使用数据的方式组织起来的数据文件。② 对数据的使用，一般都需要依托数据库来实现，实践中数据与数据库往往是同时出现的。因此，可以在"数据与知识产权产品"分类下设置细类"计算机软件、数据和数据库"。如何进一步在计算机软件、数据和数据库类型下记录数据资产，目前主要有两种类别归属处理选择，具体见表 8-1。第一种分类处理是在原有"计算机软件""数据库"两类基础上增加"数据"类型。这种方式相较而言对原有分类的改动较少，仅是新增一个并列的细分类，并不会对原有分类造成很大影响，且将数据作为一种单独的固定资产处理，也更能突出其在当今经济发展中的重要作用。第二种分类处理则是将数据与原有的数据库进行合并，构成新的数据和数据库分类。这种处理的优点在于核算实践中，数据与数据库往往

---

① 2008 年 SNA，第 10.98 段。
② 2008 年 SNA，第 10.112 段。

是捆绑在一起的，现有微观会计数据难以准确将数据库结构的成本与数据库内容（即数据）的成本独立分割。笔者认为，实践中独立获取可靠的数据与数据库价值结果难度较大，为了保证核算结果的准确性，更优的选择应当是将数据和数据库合并的分类处理。

表 8-1　记录数据资产的两种类别归属选择

分类处理选择一	分类处理选择二
固定资产 　数据与知识产权产品 　　计算机软件、数据和数据库 　　　计算机软件 　　　数据 　　　数据库	固定资产 　数据与知识产权产品 　　计算机软件、数据和数据库 　　　计算机软件 　　　数据和数据库

三、估值方法的选择

选择合适的估值方法测算数据资产的价值，是数据资产核算的重点和难点所在。按照 SNA 一般性估价方法选择的原则：当具有市场交易价格时，优先选择市场价格进行估价；当没有发生市场交易但具有相同或类似交易市场价格时，可以参照等物的市场交易价格进行估价；当不存在市场交易也难寻合适的类比市场交易价格时，则选择生产成本方法进行估价；若上述方法都难以应用，则可考虑使用预期未来收益的贴现值等方法来估价。[①] 可见，从 SNA 角度看，基于市场、基于成本和基于收入三类估值方法，在选择时并非是平行适用的，而是有一定的优先次序之分。对于数据资产的估值同样需要遵循这一原则。

既然数据资产首选的估值方法是实际或可比交易的市场价格，那么当数据的获取是通过市场交易时，应当按照实际交易价格对数据进行估值。这也意味着应当按照获取的来源，将数据资产分为交易性数据和自给性数据。交易性数据的处理相对较为成熟，只需要参照一般

---

① 2008 年 SNA，第 3.118、3.139 段。

性货物和服务的交易即可。从销售的角度来看，数据的销售价值反映了生产者收集、记录、组织、处理和分发数据的成本和利润（ISWGNA，2020）。需要注意的是，在交易市场中数据往往是与数据库捆绑在一起进行销售的，数据的价值通常包含在数据库中，将两者价格分离往往具有很大的难度。

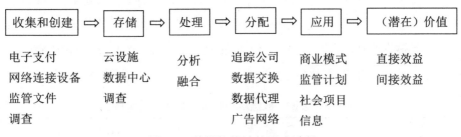

图 8-2 数据价值链的形成过程

资料来源：Visconti 等（2017）和 ISWGNA（2020）.

对于自给性数据，由于难以捕捉到可靠的市场交易价格，因而可以选择次优方法，即包括中间消耗、雇员报酬、固定资本消耗、固定资本净收益、其他生产税（减生产补贴）在内的各项生产成本之和。①ISWGNA（2020）认为，可以参考数据价值链的形成过程（图8-2），来确定哪些成本应当纳入核算。从价值链的实现来看，数据资产创建的成本主要发生在前三个环节（Reinsdorf 和 Ribarsky，2019）。具体而言：数据的收集和创建环节，成本包括获取数据的成本（调查、定位、捕获、提供免费服务或折扣、购买）；数据存储环节，包括设计数据库管理系统（或购买数据库管理服务）的费用、以适当格式输入和准备数据以供存储的成本（包括组织和元数据）以及存储/仓储数据的成本（包括在云中）；数据处理环节，包括用于分析数据的工具的成本（如软件、算法）以及分析数据的成本（包括数据验证和清理等）。

---

① 2008 年 SNA，第 6.125 段。

将相关劳动者报酬成本和费用进行加总，即可得到数据资产创建的成本。但核算实践中，需要重点关注重复计算问题：首先，部分劳动者报酬可能已经包含在现有 R&D 支出当中，如员工为创建数据库从事的调查活动，有可能同时被视为研发活动；其次，一名员工可能同时具有多重身份，若其从事软件和数据库相关的职业与作为数据资产的相关职业重叠，那么其劳动者报酬在某种程度上可能已经被计入软件和数据库的生产成本之中；再次，数据和数据库的许多成本和支出都交叠在一起（表 8-2），分别独立核算会涉及大量经验判断，同时也可能会产生重复核算问题。

表 8-2　数据、数据库和数据库软件的成本概述

数　　据	数　据　库	数据库软件
自给性生产		
收集或获取可观察现象、存储和处理数据的成本	操作或分析数据库中现有数据的工作成本，包括以符合数据库的格式准备数据的成本、存储数据的成本（包括支付云存储费用）	开发和编程数据库管理系统的费用； 用于分析数据的其他工具（如软件算法）的成本
销售 / 购买		
购置包括数据在内的整个数据库		购置标准 / 现成的数据库管理软件； 购置个人 / 定制数据库管理软件
访问许可证的支付		
访问数据库中的数据，支付分别为产出、最终使用或中间使用		

资料来源：ISWGNA（2020）。

基于未来预期收入贴现方法等估值方法，对于数据资产而言可能并不适合。某些金融产品一旦创立，其未来收益率也就固定下来，或者可以在市场上找到同类资产的参考收益率，因而对于特定类型金融资产可以通过未来预期收入贴现方法来核算其价值。数据资产的价值主要来源于对数据的开发利用，且目前更多的数据为自产自用，并不像金融资产那样能够在一定程度上预估到其收益率情况，因而可能会

导致估值结果极其不稳定甚至出现极大偏差。因此，国民经济核算中对于交易数据资产应当选择市场交易价格进行估值，而自给性数据资产则应选择生产成本法进行估值。

数据资产还会涉及后续估值，即折旧和重估价问题。2008 年 SNA 建议使用永续盘存法来核算资本存量及其随时间的变化量。① 利用永续盘存法测算数据资本存量需要掌握几个关键的参数，包括数据资产的价格指数、使用年限和折旧方式等。需要构建合适的数据资产价格指数，将过去不同价格的数据资产转换为当期价格，从而使得不同时期的资产价值具有可比性。不同类型的数据实际使用寿命会不同，但由于数据的特征众多，如果给每一数据都去确定一个使用年限，在宏观核算上是不可能实现的。因此，出于实际处理的难度和一致性考虑，最佳选择是设定一个平均的使用年限来确定折旧率并进行加总处理，甚至可以假定数据与数据库、数据软件具有相同的寿命。需要注意的是，若发现新的数据应用程序、更好的数据处理技术或数据价格发生变化等，也会使得数据资产增值（ISWGNA，2020）。

第四节 数据资产核算实践探索：以 ×× 高校为例

高校拥有的数据资源十分丰富，各种类型数据十分具有代表性，因而以高校为例开展数据资产核算探讨，既能够覆盖核算实践中的一般共性问题，也可以从个案和特定情形中进一步挖掘并总结出特殊问题，为 SNA 宏观视角下开展数据资产核算实践提供一定借鉴参考。

一、高校数据主要类型与核算范围界定

高校是一个非常复杂的机构单位，涵盖了学生、教师、行政管理者、服务人员等诸多不同身份人员。各类型人员进一步组合，形成了学院（中心）、管理（服务）部门等不同的子机构单位。不同的人员和机

---

① 2008 年 SNA，第 6.251 和 15.169 段。

构拥有的具体数据类型情况十分复杂,这给数据资产核算范围的界定带来了很大挑战。由于个人拥有的电脑、手机等终端设备所存储的各种类型数据,以及纸质化图书、档案等非数字化数据,并不在界定的数据资产核算范围之内,因此重点讨论学校各学院(中心)和管理(服务)部门所拥有数字化数据资产的核算问题。

(一)高校数据及其主要类型划分

对数据进行分类,是认识数据整体和结构情况的重要方式。前述数据资产估值中已经提及,需要根据数据是否来自市场交易,将数据分为交易性数据和自给性数据。考虑到高校数据类型多样,仅凭借交易性和自给性的划分难以对高校数据形成深刻认知,因而可以进一步结合数据的形式、是否专门生产和原始数据来源进行分类,具体参见表 8-3。

表 8-3 高校主要数据类型划分

交易性数据	自给性数据
交易性文本数据	自给性文本数据
文献数据	论文数据
电子图书数据	二次文本数据
其他文本数据	自给性统计数据
交易性统计数据	伴生统计数据
其他交易性数据	统计调查数据
	其他自给性数据

高校交易性数据资产根据数据形式,可分为交易性文本数据、交易性统计数据和其他交易性数据。交易性文本数据,主要包括外购的文献数据、电子图书数据等类型。××高校外购的文献数据项目较多,包括中国知网、维普期刊、Wiley 电子期刊等数据库;外购电子图书数据包括超星电子图书库、中国基本古籍库等。交易性统计数据主要包括 CSMAR 中国股票交易数据、万得金融数据、CEIC 宏观经济数据等数据库。其他交易性数据包括外购的新东方多媒体学习库等各类在线学习课程视频。

高校自给性数据资产同样可分为自给性文本数据、自给性统计数据和其他自给性数据三类。自给性文本数据根据原始数据来源（或者是否外购文献数据二次加工），可分为论文数据（毕业论文、课程论文等）和二次文本数据。二次文本数据主要是指高校与外购文献、电子图书数据供应商签订协议，允许对外购文本资源按高校要求二次加工整理，形成高校特色专题数据库，如××高校的中国金融信息港特色数据库。自给性统计数据又可分为伴生统计数据和统计调查数据。伴生统计数据主要包括高校师生个人信息数据、教学科研专项活动形成的各类数据、学校相关财会数据、校园卡消费和其他活动产生的电子痕迹数据等。这些数据的特点是：它们形成于高校运营管理过程之中，部分数据并非专门刻意生产。自产统计调查数据主要是指高校通过问卷或电话调查、网络爬虫等方式获取和生产的各类数值数据，如××高校的中国家庭金融调查数据库。其他自给性数据包括录制的可供师生学习的各类视频课程等。

结合上述分类，可以发现高校数据具有这样几个特点：第一，高校自给性数据的种类要明显多于外购数据，这是因为一些个人信息数据、教学和其他专项管理数据、财会数据等，往往都是来源于自产而并不涉及外购；第二，高校外购数据（库）较易区分，这是因为会涉及合同协议以及货币购买支付，但外购数据与数据库往往交织在一起难以拆分，且需要进一步区分究竟是外购的数据（库）还是仅为一定期限内数据的使用许可；第三，学院（中心）与管理（服务）部门之间会存在数据重复问题，如各学院拥有对应学生的个人信息数据，学校信息中心、招生就业处、教务处、财务处等部门，同样也会拥有这些数据，对此需要特别注意。

（二）高校数据资产核算对象的识别

在上述学校各学院（中心）和管理（服务）部门拥有的数字化数据及其分类基础上，需要进一步结合前述对数据资产核算范围的界定，利用经济所有权、数字化形式、至少使用一年、获得经济利益、非公开等特点，来识别各类数据是否具备资产属性，以便确定高校数据资产实际的核算范围。

对于外购的交易性数据，应根据访问部署方式来区分其资产属性。高校外购数据库根据访问或安装方式可以分为两类：一类是仅购买数据库远程访问许可，师生只能在购买限定时间范围内（通常为一年）在校内远程访问数据库资源，离开学校范围或者停止订购后将不能再使用该数据库的内容，如中国知网、维普期刊等；另一类是购买镜像访问数据库，即要求数据商将数据资源安装到高校自身所部署的服务器上，此种方式实际是购买的数据库本身，校内师生可永久访问所订购时间段内的所有数据资源，即使高校停止购买或续订，也仅失去数据库内容的后续更新部分，而不影响此前已部署数据的使用。当然，高校也存在同时购买数据库远程访问许可和镜像数据情形，但一般较为少见。因此，只能将外购的镜像访问数据库识别为高校的资产，对于远程访问许可的外购应处理为消费而不是固定资本形成。

高校自给性数据种类庞杂，其资产识别相应也存在较多问题。对于各类自产数据，应当首先根据其是否在持续被使用以及使用期限长短，来甄判其资产属性。此外，还需要考虑下面几个问题：

其一，对于自给性论文数据，应将学位论文数据识别为资产[①]，因为其明确被师生阅读使用并产生价值，且通过授权能够用于查重功能，而课程论文更多只是用于存档备查，后期基本不再被使用，不应被纳入资产范畴。

其二，对于自给性统计数据，无论其基础数据来源是一手数据还

---

① 高校自建毕业论文数据库相比商购学位论文数据库有其独有特点：一是包括的内容侧重有所不同，中国知网等商业数据库中一般不包括本科毕业论文；二是可使用时间更长，商业学位论文数据库仅包括签约时段的学位论文数据；三是使用时与本校所开设相关专业更加对口。

是二手数据，只要在持续使用并产生价值均应识别为数据资产。一手数据来源包括统计调查、网络爬虫等方式，如××高校的中国家庭金融调查数据库，高校拥有相对独立和完整的所有权，既能提供给校内外师生使用，也能出售获取收益。当然，部分统计调查数据在发布调查结果或报告后，几乎不再被使用，这部分数据应排除到资产之外。二手数据来源则主要是高校外购数据库，出于特定的教学科研目的，对其进行二次加工，整理形成的特色数据库，如××高校的金融信息港特色数据库，其主要建设方式是与外购数据商签订相关协议，允许高校从所购买的数据库中下载数据、文献，分类整理后单独成库，提供给校内师生使用。

其三，自建失败或停建的数据，尽管存在后续重新启用进一步建设的可能性，但由于未发生使用也不产生价值，因不满足资产一般条件而不应当将其处理为资产。当然，如果停建数据库项目被重新启动，且预计未来能够被持续使用产生经济利益，则应将其重新识别为一项资产。

其四，重复数据的资产识别问题。师生信息等数据，可能会被高校不同学院或管理部门同时拥有和使用，对此需要区分数据究竟是在统一被生产后被各单位共享使用，还是有多个主体各自生产各自使用的情形。若为统一生产且满足资产的其他条件，则该数据只能在生产完成时被确定为资产，后续分发使用将不再被处理为资产；若是多个主体各自生产各自使用的数据，只要这些数据符合资产的其他条件，都应被分别确定为一项数据资产，这是因为各数据尽管存在一定的重复，但却是相互独立存在且在不同情境下被使用并产生经济利益。

二、高校数据资产估值与存量核算

在划分高校数据的主要类型并对数据资产属性进行一一识别后，需要进一步明确如何对各类数据资产进行估值，并最终核算期初和期末的数据资产存量。① 对此，可以结合前述高校数据资产的类型，设置数据资产的核算账户，以确定相应的指标和估值内容。借鉴资产负债表中一般资产价值核算，数据资产账户不仅包括各类数据资产的期初和期末存量，还应当反映核算期内各类数据资产存量的变动情况。数据资产存量变动来源，可分为当期的数据资产形成，当期数据资产消耗以及意外损失、重分类等原因引起的其他变动三类，具体核算指标设计可参见表8-4。

表8-4 数据资产核算框架与指标设计

数据资产类型	期初存量	期内变动			期末存量
		当期资产形成	当期资产折旧	其他变动	
交易性数据资产					
交易性镜像文本数据					
文献数据					
电子图书数据					
其他文本数据					
交易性镜像统计数据					
其他交易性镜像数据					
自给性数据资产					
自给性文本数据					
毕业论文数据					
二次文本数据					
自给性统计数据					
伴生统计数据					
统计调查数据					
其他自给性数据					
总计					

（一）数据资产形成与估值

对于高校交易性镜像数据资产形成，只需核算将数据部署到高校本地服务器的镜像数据价值，而无须核算购买的远程访问数据许可。

---

① 前面已多次提及，数据和数据库资产在实际估值时难以独立核算对应价值。因此，这里所指的数据资产估值在实践中应当拓展为数据和数据库，但考虑本章研究重点和前后论述的一致性，这里并未专门指出。

对于高校购买的本地镜像数据,其初始核算价值应该包括三个部分:一是合同约定的首期购买数据的价格(往往包含部署费用);二是每年数据的更新费用;三是发放给镜像数据维护、管理人员的薪酬。将三部分价值加总,即可得到在核算期内形成的交易性镜像数据资产[①]的价值。

对于高校自给性数据资产的价值核算则较为复杂,这里仅对几类代表性数据资产进行探讨:

(1)毕业论文数据资产估值。毕业论文价值形成主要有两大来源:一是供校内师生阅读使用;二是与中国知网等文献数据供应商合作,将毕业论文数据提供给数据商,以交换使用商业文献数据平台查重功能的权限。因此,加总师生阅读使用和查重功能这两部分价值,便可核算得到高校毕业论文数据资产的价值。由于高校师生阅读使用本校毕业论文,与使用外购商业文献数据具有很强的相似性,因而可以根据本校毕业论文和外购数据库的在线阅读和下载量情况,结合外购商业文献数据的购置费用,估算出本校毕业论文数据供校内阅读产生的价值。对于所获得查重权限部分的估值,可根据淘宝等电商平台的一般市场价格,并结合核算期内学校使用的毕业生查重次数,来核算该部分价值。可见,对于自给性数据资产,当存在可参考的市场价格时,应优于成本法选择参考市场价格进行估值。

(2)自给性统计数据资产估值。自给性统计数据库既可供校内师生使用,也可以免费或以一定价格出售给校外用户使用。从现有情况来看,高校自给性的统计调查数据,多以免费形式提供给校外用户,因此应当选择生产成本法来核算其价值。具体应当包括数据建设各环节中的中间消耗、雇员报酬、固定资产消耗、固定资产净收益、其他生产税(减生产补贴)在内的各项生产成本,但应注意将数据库和软件系统开发的成本剔除在外。

---

① 对于外购的数据而言,数据与数据库一般是同时购买并部署到本地服务器,从而导致两者的价值捆绑在一起而难以分离,因此这里的数据资产价值是包含数据库价值的。

（3）自给性二次文献数据资产估值。自建的二次文本数据，由于原始数据大部分来源于外购的交易性镜像文献数据，根据与文献数据供应商的协议，其建成后仅限于校内使用，而不允许出售获得经济利益。需要注意的是，原始数据的价值已经在交易性文本数据中予以核算，因此选择生产成本法进行估值时，生产成本主要是对原始数据进行二次加工整理的各项成本，原始数据的价值应扣除在外以避免重复核算。

（4）伴生统计数据资产估值。伴生统计数据往往并非来自于高校专门生产，而是在高校运营管理过程中伴生的副产品。高校在运营管理中，可合理使用这些数据以降低管理成本或者提高管理效率从而获得经济利益。对这部分数据价值的核算，也应当使用生产成本法。然而由于伴生数据并非专门生产，从而导致相关成本的确定具有较大难度，因此，必须设计并开展专门性调查，来获取最终得到该数据的系列成本，特别是需要根据部门管理人员在数据清洗、整理等环节上的投入时间比例和岗位薪酬，来核算伴生统计数据资产的形成成本。

（二）数据资产消耗与存量核算

数据资产在核算期内不仅会新增形成，历史的数据资产也会随着时间变化价值逐步减少。核算数据资产的消耗（折旧），需要确定三个关键要素，即折旧模式、价格指数和折旧率。由于SNA建议采用永续盘存法来核算资产存量，因此理想的价格衰减模式是几何级数衰减，即每一年价格均是前一年价格的一个固定比例。对于数据资产价格缩减指数，可以考虑一种综合编制的方法：一是对于市场价格或参照市场价格进行估值的数据资产，可以利用相关市场价格变动进行指数编制；二是对于成本法估值的绝大部分自给性数据资产，采用投入价格指数加权的方法，即将生产数据资产各个组成部分成本的价格指数进行加权，编制数据资产价格缩减指数（许宪春和常子豪，

2020）。折旧率的选择需要进一步研究，因为数据与数据库是结合在一起的，两者具有许多共通之处，可以借鉴各国对数据库的一些设定实践，但需要注意定期进行重新测算设定。

若不考虑数据资产的其他变动，利用永续盘存法，即可建立起期初和期末数据资产存量等式：

$$V_t=(1-\delta)P_tV_{t-1}+A_t \quad (8-1)$$

$$D_t=\delta P_tV_{t-1} \quad (8-2)$$

其中，V_t 为核算期的期末数据资产存量，V_{t-1} 为核算期的期初数据资产存量，δ 为数据资产的折旧系数，P_t 为核算年份数据资产价格缩减指数，A_t 为核算期内数据资产形成，D_t 为核算期数据资产折旧。

由于数据资产存量核算是全新的，缺乏各历史期的存量结果，因此需要对 V_{t-1} 进行估算。对此，可以将高校历年的数据资产形成 A_t，借助价格缩减指数 P_t 和折旧率 δ 进行转换，考虑到目前数据库、软件等资产折旧率设定普遍都在 20% 以上，数据资产往往具有较强的时效性，因而可以只调查高校近 10 年的数据资产形成，即：

$$V_{t-1} = A_{t-1} + A_{t-2}(1-\delta)P_{t-1} + \cdots + A_{t-10}(1-\delta)^9 \prod_{k=t-9}^{t-1} P_k \quad (8-3)$$

考虑到目前尚未编制数据资产价格缩减指数，可以利用软件的价格指数代替进行近似估算。再利用永续盘存法，即可测算高校当期的数据资产存量。当然，尽管测算的实现思路似乎并不复杂，但测算过程中大量的基础数据以及一系列关键参数，都需要大量调查工作支撑和细致研究设定。

第五节 结论和展望

开展数据资产核算，科学界定数据资产核算范围并准确测算其价值，不只是对现有 SNA 固定资产核算内容的拓展，相应也会对总产出、GDP 等宏观经济总量指标产生重要影响。本章首先围绕数据及其资产核算展开了系列理论问题探索，得出下述四个研究结论：第一，数字经济时代数据的概念与之前并未发生根本性变化，但更加强调数据是以数字化形式对可观测现象的呈现，数据资产除收益性特征外，还同时具备可观测性、生产性、数字化和长寿命四个重要特征。第二，现阶段不宜将个人所拥有数据纳入数据资产的核算范围，对不同来源及公开与否的数据处理应有所区别，将满足一定条件的企业和政府的财会数据处理为数据资产，用户隐私数据仍然可以被纳入数据资产。数据资产的核算范围可界定为：非金融公司、金融公司和广义政府拥有经济所有权可电子化访问的数字化形式的信息内容，在生产中至少使用一年并持续产生经济利益的一定数量的非公开长寿命数据。第三，应拓展现有 SNA 中知识产权产品的范围以将数据纳入，而在细分类上应当选择将数据和数据库合并的分类处理。第四，在估值方法选择上，应优先选择实际交易价格和生产成本方法两类估值方法，而基于收入贴现等估值方法可能并不适合宏观下的数据资产核算。

进一步，本章选取非常具有代表性的××高校来探讨数据资产核算实践问题，通过梳理高校数据类型，总结出其具有自产数据种类多、外购数据易区分、部门间存在数据重复等特点；对于数据资产核算对象的识别，提出对于外购数据应根据访问部署方式来区分其资产属性，并论证了自给性论文数据、自给性统计数据、自建失败或停建的数据、重复自产数据的资产识别等系列问题。在此基础上，本章对毕业论文、自给性统计数据、自给性二次文献数据以及伴生统计数据等几种典型的数据资产估值问题进行了讨论，并给出高校核算数据资产存量的实现路径和方法。

本章对数据资产核算问题的探索，有助于进一步推进数据资产核算研究和实践工作，但要建立起科学完善的数据资产核算制度，未来仍需进一步深入开展以下工作：首先，在核算方法层面，要强化对数据资产估值方法、数据资产形成的价格缩减指数编制、数据资产的折旧模式和折旧率等问题的研究，形成完整的数据资产宏观核算方法体系。其次，在制度层面，要充分借鉴软件和数据库等调查，尽快形成一套关于数据资产核算的完整统计调查体系，明确数据资产的核算范围和分类，充分收集各类自给性和交易性数据资产的成本和价格数据，为开展宏观层面的数据资产总量核算工作提供完备的统计资料。未来，随着数据资产交易市场的不断发展，相关核算研究和各国实践探索的不断深入，数据资产的价值及其对宏观经济的重要作用，也一定能够更加准确地被核算和反映。

参考文献

[1] 高敏雪.投资的定义与分层是投资统计的前提 [J].中国统计，2019（11）.

[2] 韩海庭、原琳琳、李祥锐等.数字经济中的数据资产化问题研究 [J].征信，2019（4）.

[3] 李金昌.关于统计数据的几点认识 [J].统计研究，2017（11）.

[4] 李静萍.数据资产核算研究 [J].统计研究，2020（11）.

[5] 李雅雄、倪杉.数据资产的会计确认与计量研究 [J].湖南财政经济学院学报，2017（4）.

[6] 吕玉芹、袁昊、舒平.论数字资产的会计确认和计量 [J].中央财经大学学报，2003（11）.

[7] 联合国、欧盟委员会、经济合作与发展组织、国际货币基金组织、世界银行.国民账户体系（2008）[M].中国国家统计局国民经济核算司、中国人民大学国民经济核算研究所，译.北京：中国统计出版社，2012（2）.

[8] 唐莉、李省思.关于数据资产会计核算的研究 [J].中国注册会计师，2017（2）.

[9] 许宪春.积极应对挑战进一步完善新经济新动能统计 [J].中国统计，2020（7）.

[10] 许宪春、常子豪.关于中国数据库调查方法与资本化核算方法研究 [J].统计研究，2020（5）.

[11] 许宪春、张美慧、张钟文.数字化转型与经济社会统计的挑战和创新 [J].统计研究，2021（1）.

[12] 翟丽丽、王佳妮. 移动云计算联盟数据资产评估方法研究 [J]. 情报杂志，2016（6）.

[13] 张俊瑞、危雁麟、宋晓悦. 企业数据资产的会计处理及信息列报研究 [J]. 会计与经济研究，2020（3）.

[14] Ahmad N, Ven P. Recording and Measuring Data in the System of National Accounts[J/OL]. Meeting of the OECD Informal Advisory Group on Measuring GDP in a Digitalised Economy. https://www.oecd.org/officialdocuments/publicdisplaydocumentpdf/?cote=SDD/CSSP/WPNA(2018)5&docLanguage=En, 2018-11-9.

[15] ISWGNA Task Team on Digitalisation. Recording and Valuation of Data in National Accounts[J/OL]. 14th Meeting of the Advisory Expert Group on National Accounts, https://unstats.un.org/unsd/nationalaccount/aeg/2020/M14_5_3_1_Recording_of_Data_in_SNA.pdf, 2020-10.

[16] Li W, Nirei M, Yamana K. Value of Data: There's no Such Things as a Free Lunch in the Digital Economy[J/OL]. Discussion Papers, Research Institute of Economy, Trade and Industry (RIETI), https://www.bea.gov/research/papers/2018/value-data-theres-no-such-thing-free-lunch-digital-economy, 2018.

[17] Liew A. Understanding Data, Information, Knowledge and Their Inter-relationships[J]. Journal of Knowledge Management Practice, 2007, 8(2): 1-16.

[18] Nguyen D, Paczos M. Measuring the Economic Value of Data and Cross-border Data Flows: A business perspective [J/OL]. OECD Digital Economy Papers, https://www.oecd-ilibrary.org, 2020.

[19] Reinsdorf M, Schreyer P. Measuring the Digital Economy in Macroeconomic Statistics: The Role of Data[J/OL]. Meeting of the Group of Experts on National Accounts at the UNECE. https://www.unece.org/fileadmin/DAM/stats/documents/ece/ces/ge.20/2019/mtg1/IMF.pdf, 2019.

[20] Statistics Canada. The Value of Data in Canada: Experimental estimates[J/OL]. https://www150.statcan.gc.ca/n1/en/pub/13-605-x/2019001/article/00009-eng.pdf?st=MF15Vfae, 2019a.

[21] Statistics Canada. Measuring Investment in Data, Databases and Data Science: Conceptual Framework[J/OL]. https://www150.statcan.gc.ca/n1/pub/13-605-x/2019001/article/00008-eng.htm, 2019b.

[22] Visconti R M, Larocca A, Marconi M. Big-data Driven Value Chains and Digital Platforms: from Value Co-Creation to Monetization[J/OL].SSRN Electronic Journal. https://www.researchgate.net/publication/312495148, 2017-01.

[23] Viscusi G, Batini C. Digital Information Asset Evaluation: Characteristics and Dimensions[J]. Lecture Notes in Information Systems and Organization, in: Caporarello L., Di Martino B, Martinez M. (ed.), Smart Organizations and Smart Artifacts, Springer, 2014.

第九章

数字经济供给使用表编制方法研究

清华大学中国经济社会数据研究中心助理研究员
清华大学经济管理学院博士后　张美慧

数字经济供给使用表是数字经济卫星账户的核心表式，具有统计协调和分析工具的双重作用，能够准确监测数字经济发展规模及其与传统产业的融合程度。目前，国际上对数字经济供给使用表的研究尚处于初期探索阶段，还未有国家编制出基于实际数据的数字经济供给使用表。经济合作与发展组织（OECD）对数字经济供给使用表的理论框架进行了前瞻性探索，但系统的数字经济供给使用表构建指南还亟待完善。本章首先从供给和使用层面构建数字经济供给使用表概念框架，界定数字经济特征活动的概念和范围，梳理OECD划分的数字经济供给使用表中的产品清单和数字经济产业分类；阐释数字经济最终消费、固定资本形成、贸易活动的内涵和种类。其次，围绕"产品×产业×特征活动"三重维度，设计数字经济供给使用表整体架构，阐明其核心指标。再次，提供编制数字经济供给使用表实例，剖析编制流程，总结编制要点。最后，提出结论和建议。本章尝试完善数字经济统计核算体系，为提出促进我国数字经济高质量发展的政策建议提供核算方法参考。

第一节　引言

数字经济已成为数字化时代下推动世界经济高质量发展的"新引擎",2020年国务院政府工作报告中明确指出"全面推进'互联网+',打造数字经济新优势"。与数字经济快速发展形成鲜明对比的是,数字经济统计核算的理论和实践研究均相对滞后,不仅无法系统解释数字经济中出现的一系列"新现象",更不能为数字经济的高质量发展献言建策,特别地,传统产业与数字经济融合部分的核算方案亟待解决。《国民账户体系(1993)》(1993年SNA)建议,对于那些"直接容纳进中心框架将使内容受到一定限制"的特殊活动可通过建立卫星账户进行全面观测。构建数字经济卫星账户(digital economy satellite accounts,以下简称DESA)是观测数字经济运行情况较为可行的方法。数字经济供给使用表(supply-use tables for the digital economy,以下简称Digital SUTs)是DESA中最核心的基础表式,编制Digital SUTs对测算具有国际可比性的数字经济总量指标、观测传统产业与数字经济之间的互动融合关系、测度数字经济对整体经济的贡献水平具有重要意义。

在国际上,马来西亚统计局在信息与通信技术卫星账户(information communication technology satellite accounts,以下简称ICTSA)的基础上,添加一系列辅助指标,共同构成了马来西亚DESA。OECD围绕数字订购、平台实现和数字传递三个维度,探讨数字经济概念框架,提出以数字经济交易本质为核心构建DESA的设想(Ahmad和Ribarsky,2017),对Digital SUTs基础框架进行研究,深入辨析了各数字经济产业之间的关系(Mitchell,2018)。近年来,OECD进一步对Digital SUTs中的优先统计指标和编制方法进行研究(OECD,2019;2020)。新西兰统计局(Stats NZ)在借鉴OECD对数字经济交易划分经验的基础上,初步核算了新西兰数字经济交易产品总产出

（Stats NZ，2017）。美国经济分析局（BEA）将数字经济划分为数字化赋权基础设施、数字化媒体和数字化交易三部分，运用供给使用表等相关数据，对美国数字经济增加值及其占 GDP 的比重进行测算，为美国 DESA 的构建奠定了基础（Barefoot 等，2018；BEA，2019）。澳大利亚统计局（ABS）已成功编制了本国 ICTSA（ABS，2006），并借鉴 BEA 的研究经验，对澳大利亚数字经济增加值及其占 GDP 的比重进行了测算（ABS，2019）。

在国内，国家统计局在新兴经济统计核算、供给使用表编制等方面积累了较为丰富的研究成果。2017 年，国家统计局将新兴经济核算作为扩展核算的一部分正式纳入《中国国民经济核算体系（2016）》。2018 年，国家统计局制定了《新产业新业态新商业模式统计分类（2018）》（以下简称"三新"统计分类）、《战略性新兴产业分类（2018）》，并对"三新"产业增加值进行核算。一些学者对中国 DESA 的总量指标和编制方法进行了探索（杨仲山和张美慧，2019；向书坚和吴文君，2019；罗良清等，2021）。许宪春和张美慧（2020）对 2007-2017 年中国数字经济规模进行测算，并将结果与美国和澳大利亚进行比较。"SNA 的修订与中国国民经济核算体系改革"课题组（2013）结合 SNA 对供给使用表的修订，提出了改进中国投入产出核算的建议，李花菊（2018）对供给使用表的编制方法进行系统研究。目前，我国尚未编制 Digital DUTs 和 DESA，鲜有文章对 Digital SUTs 的编制方法做出深入探讨。

通过上述梳理可知，国际组织、统计机构、相关学者已经在新兴经济核算、DESA 构建等领域取得了较丰富的研究成果，但需要在已有研究成果上进一步聚焦研究内容，以解决数字经济核算体系中的重点、难点问题。总的来说，现有研究还存在以下几点待完善之处：一是缺乏系统的数字经济统计概念框架，数字经济产业划分逻辑不够明确；二是传统产业与数字经济融合部分的统计核算方案需进一步探索；三是 Digital SUTs 作为 DESA 最核心表式，其概念框架和实践编制尚处于初期探索阶段，欠缺系统性的 Digital SUTs 编制指南。

有鉴于此，本章首先从供给和使用层面系统研究数字经济概念框架，明确数字经济特征活动的概念和范围，阐明基于数字经济特征活动划分数字经济产业的逻辑。其次，结合 OECD 关于 Digital SUTs 的相关研究成果，提出应围绕"产品×产业×特征活动"三重维度构建 Digital SUTs 的思路，强调 Digital SUTs 在反映传统产业与数字经济融合方面的优势。最后，剖析 Digital SUTs 的编制流程，提供试编 Digital SUTs 实例。本章尝试提供一套较系统的 Digital SUTs 概念框架解析和编制方案，提升对 Digital SUTs 和 DESA 的理解，以期完善数字经济统计核算体系，为提出促进数字经济高质量发展的政策建议提供核算方法参考。

第二节 数字经济供给使用表概念框架研究

构建相应的数字经济概念框架是编制 Digital SUTs 的基础。本部分从供给、使用层面对 Digital SUTs 中涉及的数字经济概念框架进行系统研究。供给层面包括数字经济特征活动、产品清单、数字经济产业；使用层面包括数字经济最终消费、数字经济固定资本形成。

一、数字经济特征活动

数字经济特征活动，是指在数字经济领域具有典型性的活动，包含数字经济生产活动和数字经济交易活动。数字经济关联活动是由非数字经济产业从事的与数字经济相关联的经济活动。其一，它们被包含在特定的领域内；其二，它们不具有典型性，或是因为其本质，或是因为它们被归为更大的活动类别。参见图 9-1。例如，数字经济交易产品的运输活动，可以被视为数字经济关联活动。笔者认为，数字经济特征活动是识别数字经济的关键因素，也是划分数字经济产业的重要依据。

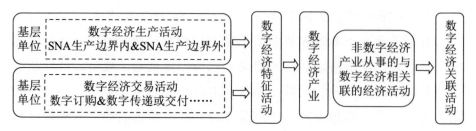

图 9-1 数字经济特征活动和数字经济关联活动

（一）数字经济生产活动

数字经济生产活动包括 SNA 生产边界内和 SNA 生产边界外两种类型。SNA 生产边界内的数字经济生产活动包括 ICT 货物、ICT 服务、云计算服务和数字中介服务等产品的生产。SNA 生产边界外的数字经济生产活动包括数据产品、"免费"数字服务的生产活动等。

（二）数字经济交易活动

数字经济交易活动主要包括数字订购、数字传递或交付等类型。

（1）数字订购类型的交易。这种交易通常指电子商务中货物和服务的交易。OECD（2011）指出，电子商务交易是指基于计算机网络，通过专门为接收或下订单而设计的途径买卖货物或服务。货物或服务是通过数字化方式订购的，但付款和最终交付可不必在网上进行。电子商务可以是企业、住户、个人、政府和其他公共部门或私人组织之间的交易。包括通过网络、外联网或电子数据交换的订单，不包括通过电话、传真或手动键入电子邮件创建的订单。

在 Digital SUTs 中，数字订购的产品包括：直接从交易对方订购的产品、通过数字中介平台订购的产品。数字订购活动包括：①直接从交易对方订购，包含直接从生产商或零售商（所有者）订购货物和服务的活动；②通过常住或非常住中介平台订购，包含通过常住和非常住数字中介平台订购货物和服务的活动。①

---

① 通过数字中介平台进行的交易被单独记录，因为它们原则上不拥有被中介产品的所有权，因此它们的产出被视为费用，而不是利润。

(2）数字传递或交付的交易。基于 OECD-WTO 在《数字贸易测度手册》中对"跨境贸易交付"的相关描述①，数字传递是指，通过 ICT 网络远程传递或交付的所有交易，即指能够以电子可下载的形式通过语音或数据网络进行传递或交付的交易活动，包括电信、软件和云计算等数字服务的传递或交付，也包括一些非数字服务的数字交付，如教育等。

二、产品清单

《数字经济供给使用表指南（2020 讨论稿）》（以下简称《OECD 指南（2020 讨论稿）》）（OECD，2020），是在 Mitchell（2018）提出的 Digital SUTs 框架基础上，根据专家意见修订形成的讨论稿。《OECD 指南（2020 讨论稿）》提出了 Digital SUTs 产品清单和数字经济产业分类，阐释了 Digital SUTs 的基本编制方法，能够反映 OECD 对 Digital SUTs 和 DESA 研究的新进展。不过，该指南尚不是编制 Digital SUTs 的最终指导手册，存在进一步讨论和完善的空间。现阶段，该指南中关于 Digital SUTs 的产品清单和数字经济产业分类有一定参考价值。

《OECD 指南（2020 讨论稿）》指出，Digital SUTs 中应重点区分 4 种产品：①SNA 生产边界内的数字产品；②SNA 生产边界外的数字产品；③受数字化影响显著的非数字产品；④其他非数字产品。上述各类产品的范畴如图 9-2 所示。

（一）SNA 生产边界内的数字产品

（1）ICT 货物。关于 ICT 产品的概念和范围，国际上已有较为权威的界定。联合国统计司（UNSD）（2015）指出，ICT 产品是指主要为满足或实现信息处理、通过电子方式进行通信（包括传

---

① 原文指"所有通过 ICT 网络远程传输的跨境交易，即通过语音或数据网络（包括互联网）以电子可下载格式进行传输和交付"。虽然 Digital SUTs 中的活动包括跨境交付，但也包括国内交付。

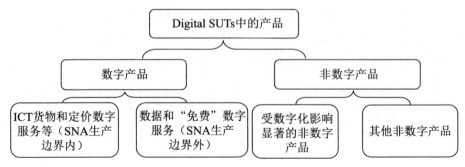

图 9-2　数字经济供给使用表中的产品"金字塔"

输和展示）功能的产品。基于联合国核心产品分类（central product classification，CPC Ver 2.1），ICT 货物包括：计算机和外围设备、通信设备、消费电子设备、ICT 组件和货物。

（2）定价数字服务。数字服务[①]包括 ICT 产品中的所有服务类别：ICT 设备制造服务、商业和生产力软件许可服务、信息技术咨询和服务、电信服务、ICT 设备租赁服务和其他 ICT 服务。

（3）定价云计算服务。OECD（2014）将云计算定义为"基于一组计算资源的计算服务，这些资源能够以灵活、弹性、按需的方式访问，且管理工作量低"。欧盟统计局（Eurostat）（2018）就云计算服务提出了分类建议，包括：软件发布服务；计算机编程服务；数据处理、托管、应用服务和其他 IT 基础设施配置服务等。

（4）定价数字中介服务。目前国际上关于定价数字中介服务还没有明确的定义。数字中介服务与 ICT 服务有关，但它们与基础产品存在直接联系，不一定需要通过数字化方式生产。在 Digital SUTs 中，定价数字中介服务是指：通过数字平台提供信息成功地将两个独立的交易方匹配到一个交易中并收取明确费用的服务。这类平台的产出通常包括交易产品生产者和消费者共同支付的费用。

---

① 数字经济背景下，出版、教育、博彩娱乐等活动正越来越多地以数字化方式进行传递和交付，这些活动将被计入 Digital SUTs。不过，上述活动中交易的产品不在 ICT 产品清单中，也不属于数字服务，它们应保留在本身的产品分类中显示。

（二）SNA 生产边界外的数字产品

（1）数据。Digital SUTs 产品清单中的数据主要指可免费获取并用于货物和服务生产的数据，包括生产过程产生的数据，以及专门从消费者处获取的数据（作为向其提供免费或价格低廉产品的回报）。1993 年 SNA 提出数据库的概念，2008 年 SNA 将"计算机软件和数据库"纳入知识产权产品范畴。近年来，数据的生成和使用（尤其是在基于广告的商业模式中）出现爆发式增长，但数据被视为 SNA 生产边界外的产品，所以与数据有关的生产、消费和投资还未纳入国民经济核算体系的统计范畴。2019 年，党的十九届四中全会明确提出"健全劳动、资本、土地、知识、技术、管理、数据等生产要素由市场评价贡献、按贡献决定报酬的机制"。2020 年，中共中央、国务院发布《关于构建更加完善的要素市场化配置体制机制的意见》（以下简称《意见》），明确提出，加快培育要素市场，推进政府数据开放共享，提升社会数据资源价值，加强数据资源整合和安全保护。

关于数据的统计核算研究还处于初期探索阶段，Ahmad 和 Ven（2018）提出与数据有关的交易很多情况下具有易货交易的特征，建议考虑以下三种估价方法：一是着眼于数据的市场等价估计（区分数字身份数据和数字足迹数据）[①]；二是假定消费者获得"免费"服务的潜在价值与数据库产生的广告收入之间的关系；三是考虑基于用户的数据估值，或者根据消费者愿意为"免费"服务付费而提供的影子价格估值。最终建议在稳健的数据估价方法被开发出来之前，将数据作为非生产资产记录在国民账户的单独条目中。Li 等（2018）提出三种数据价值的估算方法：市场价格法、成本法、未来收益贴现值法。IMF（2019）认为数据的质量、可获得性和用途都将影响数据的价值。

数据统计核算是当前数字经济领域的重点研究问题，相关研究正在逐步完善中，对数据的概念、范围、特征、分类和估价方法还未形成统

---

① 公司倾向于将数字身份的价值忽略不计，而对消费者偏好和数字足迹的信息赋予更高的价值。

一标准。有学者认为，数字化转型背景下，数据已成为关键的生产要素，在政府、企业等机构部门的生产、运营中发挥着重要作用，满足一定条件的数据是具有资产属性的，数据成为重要资产对生产统计、投资统计、消费统计和收入统计等统计理论带来严峻挑战（许宪春等，2021）。

（2）"免费"数字服务。Digital SUTs 产品清单中的"免费"数字服务主要包括：搜索引擎提供的搜索服务、社交媒体提供的通信服务以及通过数字化方式提供的免费娱乐服务等。企业通常免费或以较低廉的价格将这类服务提供给消费者，通过收取渠道服务费或广告费等间接弥补运营成本，实现盈利。这种新型盈利模式改变了传统企业直接利用产品销售收入弥补自身生产经营成本的盈利机制，使免费或者价格低廉服务的生产性未能在现有生产统计中充分反映出来。2009年，OECD 在《信息社会测度指南》系列出版物中提出了"内容与媒体产品"[①]的概念，明确了其范围。从内容上看，内容与媒体产品和"免费"数字服务存在较大关联。近年来，随着数字技术与新闻和出版业，广播、电视、电影和录音制作业不断融合，"免费"数字服务的规模逐渐扩大，已成为当前重要的产品类型。"免费"数字服务的核算问题也引起学界的重视，Nakamura 等（2018）将"免费"数字服务划分为广告支持性媒体（advertising-supported media）和营销支持性信息（marketing-supported information）两类。Brynjolsson 等（2017）提出通过观察消费者支付服务的意愿进行估算，Coyle（2018）提出运用测算政府支出的方式，通过计算"免费"数字服务的生产成本来估算其价值。

"免费"数字服务核算是近年来数字经济统计领域的热点和难点问题，尽管上述学者提出可能的解决方案，但到目前为止，还没有形成系统的理论核算框架和公认的价值估算方法。未来需进一步探索"免费"数字服务的概念、范围、分类、特征和估价方法，加强"免费"

---

① OECD 提出的"内容与媒体产品"包括：印刷形式或基于传统媒体文本形式的内容和相关服务，电影、录像和收音机内容及相关服务，音乐内容及相关服务，游戏软件，在线内容及相关服务，其他内容和相关服务。

数字服务价值测算研究，不断完善"免费"数字服务统计核算体系。《OECD 指南（2020 讨论稿）》建议，在 Digital SUTs 中，暂不将数据、"免费"数字服务等 SNA 生产边界外的产品包含在总产出和中间投入等指标的统计范畴中。

（三）受数字化影响显著的非数字产品

非数字产品的数字交易活动也需要记录在 Digital SUTs 中。《OECD 指南（2020 讨论稿）》指出，受数字化影响显著的非数字产品主要集中在 10 个领域：陆地运输服务和管道运输服务；住宿服务；食品和饮料服务；电影、视频和电视节目制作服务，录音和音乐出版；金融和保险服务；广告和市场研究服务；旅行社、旅行运营和其他预订服务；教育服务；赌博服务；出版服务等。此类产品的筛选依据是判断产品和相关服务是否已经或有趋势受到数字化的显著影响。具体来说，要看产品是否为数字交付的、是否受到数字中介平台的重大影响。值得提出的是，此类产品范围会根据传统产业与数字经济的融合情况而调整。

（四）其他非数字产品

其他非数字产品虽然受数字化的影响相对较小，但可以通过数字交易的方式进入数字经济活动。这类产品记录在 Digital SUTs 中，以对所有产品的数字经济交易情况进行全面反映。

三、数字经济产业

为了运用 Digital SUTs 对国民经济中发生的数字经济活动进行单独统计，需要在现有行业分类的基础上，根据基层单位从事数字经济特征活动的类型，对数字经济产业进行单独划分。《OECD 指南（2020 讨论稿）》指出，构建 Digital SUTs，需要基于数字化转型的特征，对数字经济产业和产品进行归类和定义，OECD 指出的"数字化转型的特征"即对应前文界定的"数字经济特征活动"。基于此，笔者认为：数经济产业是由主要从事数字经济特征活动的基层单位组成的集合。① 根据《OECD 指南（2020 讨论稿）》划分的 7 种数字经济产业，结合本章界定的数字经济特征活动，表 9-1 将各数字经济产业对应的数字经济特征活动进行对照，以更加直观地理解数字经济产业的含义和范围。

表 9-1 数字经济产业和数字经济特征活动对照表

产业名称	含 义	对应的数字经济特征活动
数字赋能产业	提供旨在通过传输和显示等电子手段实现信息处理和通信功能产品的产业，在概念上与 ICT 产业一致	ICT 产品生产活动
收费数字中介平台产业	提供促成两个或多个用户（企业或个人）之间交易的收费数字中介服务的产业	定价数字中介服务生产活动
数据/广告驱动型数字平台产业	提供"免费"数字服务，主要通过收集数据或销售在线广告空间盈利的产业	"免费"数字服务生产活动（SNA 生产边界外）
基于数字中介平台的产业	基于一个或多个独立的数字中介平台向消费者提供产品来盈利的产业②，可进一步区分为法人企业和非法人企业	非法人企业基于数字中介平台进行的生产活动（分享经济）等
电子零售商产业	包括电子零售商和电子批发商，从事购买和转售货物和服务的活动，通常大部分订单是通过数字方式获得的③	数字订购类型交易活动
仅提供金融和保险服务的数字产业	完全以数字方式提供金融和保险服务的产业	数字金融和保险服务生产活动
其他仅以数字方式运营的产业	包括所有专门以数字方式运营的企业，从事数字内容产品生产、发布以及分销工作的产业，通常其产品不仅以数字方式订购，而且以数字方式交付（网络搜索引擎、数字内容产业等）	数字订购类型交易活动；数字交付类型交易活动

数字经济对国民经济行业分类带来严峻挑战，尤其是传统产业与

---

① 一些基层单位可能符合一个或多个数字经济产业的定义，这种情况下，需要依据该基层单位从事某种数字经济特征活动的"专业程度"对其进行归类。
② 对于使用数字中介平台作为第二营销渠道的企业，即通过数字中介平台获得销售需求的比重不到 50%，这类企业不应划分在基于数字中介平台的产业范围内。
③ 它不包括通过数字方式销售和交付产品的生产商，这些生产商应归类为"其他仅以数字方式运营的产业"。零售商和批发商数字订单需求占比不到 50% 的企业，也不属于电子零售商产业。

数字经济融合的部分,"产业数字化"涉及绝大部分的国民经济行业,导致从核算角度测算"产业数字化"增加值面临较大困难。基于特征活动的视角划分数字经济产业,运用 Digital SUTs 测算数字经济发展规模、观测传统产业与数字经济的融合情况,是核算角度上较为可行的方法,测算结果将具有国际可比性。由于数字经济特征活动类型的动态演变,数字经济产业分类也面临着及时更新的挑战。

2017 年 OECD 数字经济背景下 GDP 测度工作组提出了三种类型的数字经济产业,分别是:数字赋能产业、数字平台产业、区分住户与企业类型的数字产业。2018 年 OECD 更新了数字经济产业分类,在原有基础上添加了:电子零售商产业、仅提供金融和保险服务的数字产业、其他仅以数字方式运营的产业。2020 年《OECD 指南(2020 讨论稿)》进一步扩充了数字经济产业分类,将"数据/广告驱动型数字平台产业"纳入其中。通过对 OECD 数字经济产业类别划分的梳理可知,随着数字经济的迅速发展,新产业、新业态、新商业模式不断出现,数字经济特征活动的类型在动态演变,数字经济产业分类需要不断细分和更新,以满足准确反映数字经济特征活动的需求。

四、数字经济最终消费

在数字经济运行中,消费形式发生了较大变化。例如,网络搜索引擎和视频网站等向用户提供免费或者价格低廉的服务,信息浏览者与视频观看者均是服务的消费者,但大多数情况下,他们并没有支付相应的服务费用。网络搜索引擎和视频网站等类型的数字经济企业通过收取第三方的广告费和收集消费者相关信息来盈利,消费者的货币支出通常为零。由此可见,在一些数字经济活动中,由于产品供应商营销模式的变化和非法人企业单位提供数据和信息的价值转移,导致居民消费支出一定程度上被低估。

最终消费支出由住户、政府和为住户服务的非营利机构(NPISH)三个部门的消费支出组成,在数字经济背景下,数字经济最终消费支出应进行一定程度的调整,添加住户自给性数字经济消费、住户"免费"数字服务消费等内容。表 9-2 对数字经济最终消费支出的范围进行了详细划分。

表 9-2　数字经济最终消费支出范围

数字经济最终消费	范　围
数字经济最终消费支出	住户、政府、NPISH 以货币形式购买的 ICT 货物和数字服务等的消费支出
	住户、政府、NPISH 以货币形式通过数字订购方式购买的货物和服务的消费支出
	住户、政府、NPISH 以货币形式通过数字平台购买的货物和服务的消费支出
	住户、政府、NPISH 以货币形式购买的能够通过数字传递方式进行交付的货物和服务的消费支出
	住户生产并由住户消费了的 ICT 货物和数字服务的价值
	住户通过免费或以非常低廉价格获得的 ICT 货物和数字服务的价值

五、数字经济固定资本形成

数字经济固定资本形成是核算期内通过经济交易在数字经济固定资产上发生的积累,包括数字经济有形固定资本形成和数字经济无形固定资本形成。数字经济有形固定资本形成是核算期内通过经济交易在 ICT 产品等有形固定资产上发生的积累;数字经济无形固定资本形成是核算期内通过经济交易在计算机软件和数据库、数据等无形固定资产上发生的积累。

2008 年 SNA 提出"知识产权产品"的概念,其中包括计算机软件和数据库,矿藏勘探与评估,研究与开发,娱乐、文学或艺术品原件等无形资产,明确将上述知识产权产品纳入固定资产的范畴。随着数字经济的快速发展,无形固定资产投资规模逐渐扩大,目前数据已成为一种新型生产要素,企业、高校和科研机构、政府机关都在数据的搜集、存储、加工处理、开发应用等方面投入了大量资金,未来在数据上的投资有必要纳入数字经济固定资产形成的统计范畴，数字经济固定资本形成还需进一步考虑在娱乐、文学或艺术品原件等知识产权产品上的投资。

六、数字经济国际贸易

国际贸易统计记录一个国家与其他国家或（地区）之间的商品、服务及有关其他经济联系和来往的信息，它不仅包括实物商品的进出口，还包括服务和其他非实物形态商品的进出口，主要包括国际商品贸易统计与国际服务贸易统计两个部分。数字经济国际贸易也主要由数字经济商品贸易和数字经济服务贸易两部分组成。

（一）数字经济商品贸易

国际商品贸易统计（international merchandise trade statistics）是对国家间以及国家与地区间货物流动信息的详细记录，本节在借鉴OECD（2017）对数字贸易框架研究经验的基础上，添加了与数字货物有关的数字经济商品贸易，认为数字经济商品贸易主要包含：①对国家间以及国家与地区间通过数字经济交易模式而产生的货物（数字货物与非数字货物）流动信息的详细记录；②对国家间以及国家与地区间数字货物（ICT产品、数据、信息等）流动信息的详细记录。数字经济国际商品贸易活动分类见表9-3。

表9-3 数字经济商品贸易活动类型表

数字经济交易类型			交易内容	交易主体	数字经济商品贸易活动描述
数字订购		数字交付			
直接从交易对方订购	通过常住（或非常住）中介平台订购				
√	×	×	货物	B2B	A国（地区）企业在B国（地区）的网站购买由B国（地区）生产提供的商品
√	×	×	货物	B2C	A国（地区）消费者在B国（地区）的网站购买（作为最终消费）B国生产提供的商品

续表

数字经济交易类型			交易内容	交易主体	数字经济商品贸易活动描述
数字订购		数字交付			
直接从交易对方订购	通过常住（或非常住）中介平台订购				
√	√	×	货物	B2B	A 国（地区）企业通过网上平台购买 B 国（地区）提供的商品，该在线平台可以属于 A 国（地区）、B 国（地区）或者其他国家（地区）
√	√	×	货物	B2C	A 国（地区）消费者通过网上平台购买 B 国（地区）提供的商品（作为最终消费），该在线平台可以属于 A 国（地区）、B 国（地区）或者其他国家（地区）
√	√	×	货物	C2C	A 国（地区）消费者通过数字在线平台购买 B 国（地区）消费者的产品，该在线平台可属于 A 国（地区）、B 国（地区）或其他国家（地区），如二手产品在线交易平台
×	×	√	数字货物	B2B	A 国（地区）企业购买 B 国（地区）生产且需要通过数字传递方式交付的商品（软件、数据库等）
×	×	√	数字货物	B2C	A 国（地区）消费者购买 B 国（地区）生产且需要通过数字传递方式交付的商品（软件，数据库等）
×	×	×	数字货物	B2B	A 国（地区）企业购买 B 国（地区）生产提供的数字商品（ICT 产品、计算机硬件等）
×	×	×	数字货物	B2C	A 国（地区）消费者购买 B 国（地区）生产提供的数字商品（ICT 产品、计算机硬件等）

（二）数字经济服务贸易

《服务贸易总协定》（General Agreement on Trade in Services, GATS）定义了 4 种服务供应模式：①境外消费模式，自一个成员领土内向任何其他成员的服务消费者提供服务；②跨界供应模式，自一个成员领土向任何其他国家（地区）领土提供服务；③商业存在模式，一个成员的服务提供者通过任何其他成员领土内的商业存在提供服务；④自然人存在模式，一个成员的服务提供者以在任何其他成员领土内的自然人存在形式而提供服务。信息技术和数字中介平台的快速发展，为数字经济服务的跨境供应提供了便利条件，数字经济服务贸易活动分类见表 9-4。

表 9-4 数字经济服务贸易活动类型表

数字经济交易类型			交易内容	交易主体	数字经济服务贸易活动描述
数字订购		数字交付			
直接从交易对方订购	通过常住（或非常住）中介平台订购				
√	×	×	服务	B2B	A 国（地区）企业在线购买由 B 国（地区）供应商提供的服务，然而该服务通过物理方式交付（例如交通服务）
√	×	×	服务	B2C	A 国（地区）消费者在线购买 B 国（地区）供应商提供的服务，该服务可以通过物理方式交付（例如网上预定国外酒店的服务）
√	√	×	服务	B2B	A 国（地区）企业通过在线平台购买由 B 国（地区）供应商提供的服务，在线平台可以归属为 A 国（地区），B 国（地区）或者其他国家（地区），该服务可通过物理方式交付
√	√	×	服务	B2C	A 国（地区）消费者通过在线平台购买由 B 国（地区）供应商提供的服务，服务可以通过物理方式交付（例如旅游者通过 Uber 订购交通服务
√	×	√	服务	B2B	A 国（地区）企业网上购买由 B 国（地区）供应商提供的能够通过数字交付实现的服务（例如标准化维护和修理服务）

续表

数字经济交易类型		交易内容	交易主体	数字经济服务贸易活动描述
数字订购	数字交付			
直接从交易对方订购 / 通过常住（或非常住）中介平台订购				

直接从交易对方订购	通过常住（或非常住）中介平台订购	数字交付	交易内容	交易主体	数字经济服务贸易活动描述
√	×	√	服务	B2C	A国（地区）消费者网上购买由B国（地区）供应商提供的能够通过数字交付实现的服务（例如保险单）
√	√	√	服务	B2B	A国（地区）企业通过网上平台购买由B国（地区）供应商提供的服务，在线平台可以归属为A国（地区）、B国（地区）或者其他国家（地区），服务可以通过数字交付的方式实现（通过在线平台订购绘图设计）
√	√	√	服务	B2C	A国（地区）消费者通过网上平台购买由B国（地区）供应商提供的服务，在线平台可以归属为A国（地区）、B国（地区）或者其他国家（地区），服务可以通过数字交付的方式实现（音频订阅）
×	×	√	服务	B2B	A国（地区）企业通过线下订单购买由B国（地区）供应商提供的能够通过数字交付方式实现的服务（定制咨询服务）
×	×	√	服务	B2C	A国（地区）消费者过线下订单购买由B国（地区）供应商提供的能够通过数字交付方式实现的服务（网上教育服务）。
√	√	×	服务	C2C	A国（地区）消费者通过网上平台购买由B国（地区）消费者提供的服务，在线平台可以归属为A国（地区）、B国（地区）或者其他国家（地区），服务通过物理方式交付（例如消费者通过AirBnB预订民宿）

资料来源：OECD，Measuring Digital Trade: Towards a Conceptual Framework.

第三节　数字经济供给使用表整体架构

一、数字经济卫星账户框架

数字经济卫星账户（DESA）的主要功能是将隐含在SNA中心框架中的数字经济活动做显性化处理，弥补数字经济增加值和数字经济相关指数在统计协调和分析功能上的不足，不仅能够对统计数字经济的发展规模及其对整体经济的贡献水平，还能够对传统行业与数字经济的融合情况进行观测。数字经济作为一种融合性强、渗透度高的经济活动，仅围绕数字经济产品或数字经济产业对其进行构建，将导致发生在非数字经济产业的数字经济活动被漏统。笔者认为，构建DESA应以数字经济特征活动为核心，围绕"产品×产业×特征活动"三重维度，将国民经济各行业中发生的数字经济活动全面显现出来。

DESA主要由基础表式和总量指标构成，两者通常一一对应，能够实现统计协调和分析工具的作用。在DESA基础表式中，最核心的是数字经济供给表和数字经济使用表，通过这两个表式能够得到数字经济总产出和数字经济中间投入指标，两者结合可以得出数字经济直接增加值和数字经济直接国内生产总值等总量指标[1]，为测度数字经济发展规模、监测其对整体经济的贡献程度提供参考。数字经济卫星账户整体架构见图9-3。

---

[1] 根据2008年SNA的建议，GDP=按基本价格计算的所有常住单位增加值之和＋产品税－产品补贴，由数字经济活动带来的GDP应计为所有常住单位数字经济增加值之和与相关产品净税额的总额。数字经济直接国内生产总值=数字经济直接增加值＋产品税－产品补贴，数字经济直接国内生产总值按购买者价格计算，数字经济直接增加值按基本价格计算。

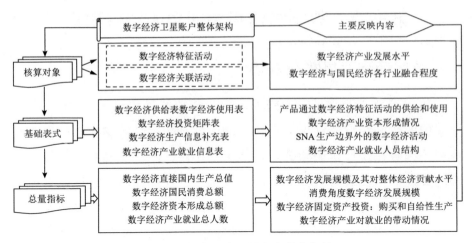

图9-3 数字经济卫星账户整体架构

二、数字经济供给使用表架构

(一)供给使用表的概念和构建原理

2008年SNA指出,供给使用表涉及一套完整的按产业部门编制的生产和收入形成账户。一方面,记录各类货物和服务的来源:如何由国内各产业部门和进口来提供。另一方面,记录这些货物和服务的去向:如何在各项中间使用、最终使用和出口间进行分配。供给使用表中,存在"产出+进口=中间消耗+最终消费+资本形成+出口"的产品平衡式。供给使用表由供给表与使用表两大部分构成,它们通常在相同的产品分解和估价水平上成对编制,既是用于基本统计的框架,又是编制投入产出分析表的基础。

按购买者价格计算的使用表由一整套产品平衡式组成:这些产品平衡式涵盖了经济体系中的所有产品,通常以一个长方形矩阵的形式来表示,行向看是按购买者价格计算的产品使用情况,而各列则展示产业部门消耗的产品情况。供给表的国内供给部分有时也被称为"制造矩阵",其在结构上是一个长方形矩阵,各行是与使用表相匹配的产品组合,各列是以基本价格计算的来自国内的产品供给,将其与进口列和价值调整列（运输费用和产品税费）相加，得到每种产品（组）以购买者价格核算的总供给。

（二）数字经济供给使用表架构

Digital SUTs 在充分依托供给使用表构建原理的基础上，需结合数字经济的发展特征进行设计，使其能够反映各数字经济产业消耗的非数字产品情况和非数字经济产业从事数字经济特征活动和关联活动的情况，协调数字经济产业与其他行业之间的互动关系，对隐含在国民经济核算体系中的数字经济生产和消费活动做显性化处理。在 Digital SUTs 的产品类别中，不仅包含数字产品，也包含非数字产品，数字经济特征活动是所有产品进入数字经济的桥梁。Digital SUTs 应围绕"产品 × 产业 × 特征活动"三重维度，将国民经济各行业中发生的数字经济活动全面地显现出来。Digital SUTs 的产品矩阵与其他卫星账户存在差异，不仅包括数字货物和数字服务，也包括非数字货物和非数字服务，还包括数据、"免费"数字服务等 SNA 生产边界外的产品。

《OECD 指南（2020 讨论稿）》指出，Digital SUTs 是一组综合分析的核算表式，将提供测度多项数字经济活动规模的基本信息，包括电子商务交易、数字传递服务、数字中介平台和电子零售商的销售和增加值、数字产品和服务的交易、数字经济企业和受数字化影响显著的传统企业增加值、非货币交易（数据、"免费"数字服务等）。

本节构建的按购买者价格核算的数字经济供给表如表 9-5 所示，由若干个工作表组成，供给 1 记录数字经济产业生产或通过数字经济交易活动提供的 ICT 货物、数字服务、定价云计算服务和定价数字中介服务等产品情况。供给 2 记录传统产业通过数字经济交易活动提供的受数字化影响显著的非数字产品和其他非数字产品情况。供给 3 和供给 4 记录数字经济产业和传统产业生产或通过数字经济交易活动提供的数据、"免费"数字服务等 SNA 生产边界外的产品情况。数字经济供给表主要反映数字经济产业和传统产业通过数字经济特征活动生产和提供的数字产品和非数字产品情况。数字经济供给表有以下平衡关系：从行方向看，国内基本价格产出＋进口（到岸价）＝基本价格总供给，基本价格总供给＋运输费＋商业毛利＋产品税－产品补贴＝购买者价格总供给；从列方向看，各行业产品产出合计＝行业的基本价格产出。

表 9-5　按购买者价格核算的数字经济供给表

产品部门 特征活动	产业部门 数字经济产业	传统产业分解	产出基本价格	进口	总供给基本价格	运输费	贸易与交易利润	产品税费减补贴	总供给购买者价格
ICT 货物 数字服务 定价云计算服务 定价数字中介服务 数字经济生产活动 数字经济交易活动	工作表供给 1								
受数字化影响显著的非数字产品 其他非数字产品 数字经济交易活动		工作表供给 2							
数据 "免费"数字服务等 数字经济生产活动 数字经济交易活动	工作表供给 3	工作表供给 4							
总产出合计（基本价格）									

本节构建的按购买者价格核算的数字经济使用表如表 9-6 所示。使用 1 和使用 2 分别记录数字经济产业和传统产业消耗的 ICT 货物、数字服务、定价云计算服务、定价数字中介服务等产品情况。使用 3 和使用 4 分别记录数字经济产业和传统产业消耗的受数字化影响显著的非数字产品、其他非数字产品情况。使用 5 和使用 6 分别记录数字经济产业和传统产业消耗的数据、"免费"数字服务情况。数字经济供给表和数字经济使用表相互连接，从总量和结构上全面、系统地反

映数字经济产业和传统产业从生产到最终使用过程中的相互联系。数字经济使用表有以下平衡关系：从行方向看，中间使用＋最终使用＝购买者价格总使用；从列方向看，基本价格产出－购买者价格中间投入＝基本价格增加值。数字经济使用表是测算数字经济直接增加值的重要工具。

表 9-6　按购买者价格核算的数字经济使用表

产品部门 特征活动		中间使用		最终使用			总使用 购买者价格
	产业部门	数字经济产业	传统产业分解	最终消费支出	资本形成总额	出口	
中间投入	ICT 货物 数字服务 定价云计算服务 定价数字中介服务 数字经济生产活动 数字经济交易活动	工作表使用 1	工作表使用 2				
	受数字化影响显著的非数字产品 其他非数字产品 数字经济交易活动	工作表使用 3	工作表使用 4				
	数据 "免费"数字服务等 数字经济生产活动 数字经济交易活动	工作表使用 5	工作表使用 6				
增加值	劳动者报酬						
	其他生产税净额①						
	固定资产折旧						
	营业盈余						
总产出合计（基本价格）							

---

① SNA2008，第 6.50 段、6.80 段。在讨论不同价格测度指标时，区分产品税和其他产品税是非常必要的，此处是按基本价格计算的增加值，需使用其他生产税净额。其他生产税是对生产者征收的，主要是对企业使用的劳动或资本所征收的经常税（或拨付的补贴），例如工资税、对车辆或房屋征收的经常税等。

三、数字经济供给使用表核心指标

（一）数字经济产业总产出和增加值

《OECD 指南（2020 讨论稿）》侧重对数字经济产业总产出和增加值的测算进行详细描述。其中，数字赋能产业和电子零售商产业总产出和增加值的统计基础资料较为齐全。关于数字赋能产业，在 Digital SUTs 中数字赋能产业即为 ICT 产业。[①]ICT 产业总产出和增加值在现有的宏观经济统计数据中较易获取。关于电子零售商产业，包括电子零售商和电子批发商，它们从事购买、转售货物或服务的活动，大部分订单都通过数字方式获得，[②]不包括以数字方式生产并直接销售产品的企业，这类企业属于其他仅以数字方式运营的产业。其他数字经济产业与现有的国民经济行业分类融合程度较高，其总产出和增加值的测算也相对较难。

（二）数字经济直接增加值

相较于数字经济产业总产出和数字经济产业增加值，数字经济直接增加值统计范围更全面，核算结果有利于反映数字经济实际发展水平。数字经济直接增加值包括两部分：一是数字经济产业的大部分增加值，[③]二是传统产业为数字经济特征活动提供直接支撑产生的相应增加值（杨仲山和张美慧，2019）。数字经济直接增加值只测度国民经济各行业通过数字经济特征活动（数字经济生产活动、数字经济交易活动）产生的直接增加值，不测度数字经济对国民经济带来的间接影响和诱发效应，能够反映数字经济发展的实际规模，是 Digital SUTs 中的核心指标。

数字经济直接增加值核算面临的最大困难是非数字产品生产过程

---

① 根据国际标准产业分类（ISIC Rev.4），ICT 产业包括 ICT 制造业、ICT 服务业和 ICT 贸易三部分，包含的行业代码为 261、262、263、264、268、4651、4652、5820、61、62、631 和 951。
② 主要指 ISIC 中代码为 4791 的产业："通过邮购公司和互联网进行的零售销售"。
③ 由于产业存在主要活动和次要活动，数字经济产业也存在与数字经济不太相关的生产活动，次要活动产生的增加值不计入数字经济直接增加值中。

中通常同时包含数字活动和非数字活动，较难准确剥离产业总产出和中间投入中"数字化"和"非数字化"的部分（Mitchell，2018）。也是因为这个原因，OECD 建议初步测算各数字经济产业增加值之和作为当前折中的数字经济增加值总量指标测算方案，这种思路与 BEA 的测算思路比较相似，但测算结果不能全面反映传统产业与数字经济融合部分带来的增加值。未来，通过获取传统产业数字化产出和数字化中间投入数据，就能够通过 Digital SUTs 观测传统产业与数字经济产业之间的互动关系，核算传统产业与数字经济融合部分的增加值，进一步测算得出较为准确的数字经济直接增加值，这也是 Digital SUTs 的重要功能之一。

（三）数字中介服务、云计算服务、ICT 货物和数字服务的中间消耗

与中间消耗相关的三个指标在 Digital SUTs 中是具有核心地位的，分别是 ICT 货物和数字服务的中间消耗、云计算服务的中间消耗和数字中介服务的中间消耗等。

（1）ICT 货物和数字服务的中间消耗。在 ICT 货物和数字服务的中间消耗总额的基础上，按照行业尽可能地将总额进行拆分，Digital SUTs 可以实现对生产过程中各种数字化产品使用情况的系统监测。

（2）云计算服务的中间消耗。由于云计算服务的广泛应用，用户对识别此类服务供应和使用的需求强烈，所以此类服务在 Digital SUTs 的产品列表中单独反映。在实际统计中，可先获得云计算中间消耗的总量，再逐步按照行业类别进行拆分。

（3）数字中介服务的中间消耗。《OECD 指南（2020 讨论稿）》将数字中介服务定义为："提供信息、成功匹配两个通过数字平台进行交易的独立当事方并获得明确费用的服务。"在 Digital SUTs 中，数字中介服务的中间消耗与数字中介平台的产出相等。[①] 无论中介费

---

① 假设数字中介服务由数字中介平台生产，且数字中介平台只生产数字中介服务一种产品。

是否向生产商收取，所有数字中介服务均应记录为基础服务生产商的中间消耗。对于服务业，中介费的一部分可以默认为向基础服务的最终消费者收取。①

（四）按数字经济交易类型划分的消费支出

按交易类型划分的消费支出指标是 Digital SUTs 中的重要消费指标。通过数字订购和数字传递方式进行交易的最终消费支出和进出口总额等指标对监测数字经济发展水平具有重要意义，可被视为 Digital SUTs 中的核心指标。

第四节 数字经济供给使用表编制实践解析

一、数字经济供给使用表编制流程研究

根据产品清单、数字经济产业分类和数字经济交易类型划分的不同，不同国家 Digital SUTs 的编制方法存在一定区别。在编制过程中，需将产品是否通过数字经济交易、通过数字订购或数字传递等的数据分开统计。

Digital SUTs 的编制起点一般为传统的供给使用表。首先，按照传统的供给使用表在工作表中填入数据，与数字产品和数字经济产业有关的数据应重新分配到新定义的产品和产业类目中。其次，产品级的数据结果应按是否通过数字订购和数字交付进行细分。最后，应探索 SNA 生产边界外产品的价值估算。《OECD 指南（2020 讨论稿）》提出的 Digital SUTs 编制步骤如图 9-4 所示。

---

① 这里假设生产者支付了全部中介费，消费者支付的全部费用则记为向生产者支付所提供基础服务的费用。

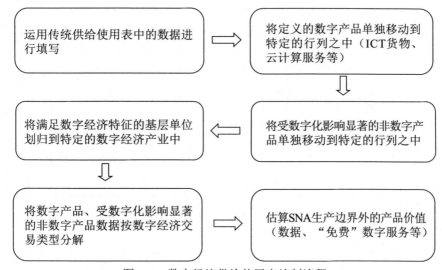

图 9-4　数字经济供给使用表编制流程

二、数字经济供给使用表编制案例分析

案例：餐厅线上销售与线下销售的编制实例。一家餐厅向 3 个住户销售午餐，每餐的餐费均需支付 20% 的增值税，第一餐消费者在线订购并由餐厅负责配送，售价 30 美元；第二餐消费者通过数字平台订购并且由数字平台负责配送，售价 60 美元；第三餐消费者在实体店里点餐并用餐，售价 72 美元。该案例中，数字中介平台、生产者与消费者均属于同一国家，数字中介平台收取购买者支付价格的 10% 作为中介费，送餐骑手隶属于数字平台，每配送一餐，从数字平台获取 1 美元的报酬，餐厅共花费了 50 美元购买这三餐的原料。该案例的数字经济供给表与数字经济使用表见表 9-7 与表 9-8。

通过对案例 Digital SUTs 的编制可知，该经济活动中包含的数字经济产业有数字中介平台产业、基于数字中介平台的住户非法人企业单位，涉及的传统产业有餐饮服务业和食品制造业，数字产品与非数字产品均参与了该数字经济活动。其中，数字产品包括数字中介平台提供的付费中介服务，非数字产品则包括了食品制造业生产的产品和

表 9-7 数字经济供给表可能表式（案例）

产业部门 产品部门数字经济特征活动	基于数字中介平台的产业		传统产业		产出基本价格	进口	总供给基本价格	运输费	贸易与交易的利润	产品税费减补贴	总供给购买者价格
	收费数字中介平台产业		餐饮服务业	食品制造业							
	法人	非法人									
定价数字中介服务											
常住平台中介费	6				6		6				6
非常住平台中介费		1			1		1				1
受数字化影响显著的非数字产品——物流服务											
数字订购											
直接来自销售方			30		30		30			6	36
通过常住性中介平台			60		60		60			12	72
通过非常住性中介平台			72		72		72			14.4	86.4
受数字化影响显著的非数字产品——餐饮服务											
数字订购											
直接来自销售方											
通过常住性中介平台											
通过非常住性中介平台											
非数字产品											
其他非数字产品——食品产品				50	50		50				50
总产出合计	6	1	162	50	219		219			32.4	251.4

表 9-8　数字经济使用可能表式（案例）

产业部门\产品部门	收费数字中介平台产业	基于中介平台的企业		传统产业		全部中间使用	最终使用			总使用者购买者价格
		法人	非法人	餐饮服务业	食品制造业		最终消费	总资本形成	出口	
定价数字中介活动										
常住平台中介费				6		6				6
非常住平台中介费										
受数字化影响显著的非数字产品——物流服务										
数字订购										
直接来自销售方										
通过常住非常住性中介平台			1			1				1
非数字订购										
受数字化影响显著的非数字产品——餐饮服务										
数字订购										
直接来自销售方				50①		50	36			36
通过常住非常住性中介平台						57	60			60
非数字订购							72			72
食品产品	1	0	1	56	0	57	50			50
总中间投入	1	1	162	162	50	219				
总产出	6	5	106	106	50	162				
总增加值										

① 在 Digital SUTs 的实际编制中，应该明确 50 美元中用于该产业数字化产出与非数字化产出的中间使用份额，这对准确计算数字经济直接增加值具有重要意义。

餐饮服务业提供的餐食服务，基于总产出和中间投入，得到了该经济活动的总增加值为 162 美元。

案例的 Digital SUTs 反映了一家餐厅通过三种不同方式销售午餐，刻画了不同销售方式涉及的传统产业和数字经济产业的生产和中间使用过程，由于原料使用费 50 美元是汇总数据，不能准确分劈出 50 美元中用于数字化产出的份额，所以较难核算出准确的数字经济中间投入，这也为今后在统计调查中添加相关指标提供参考依据和启发。

总的来说，Digital SUTs 具有统计协调和分析工具的双重功能。在微观层面，Digital SUTs 能够反映数字产品和非数字产品在数字经济特征活动中的供需情况，对统计协调数字经济产业和传统产业之间的互动关系、提升传统产业生产效率等具有重要意义。在宏观层面，Digital SUTs 能够监测传统产业与数字经济融合程度，不仅可以反映数字经济产业的发展规模，还能够刻画传统产业参与数字经济特征活动的总产出和中间投入情况，是综合分析数字经济发展规模、核算数字经济直接增加值的有效工具，对促进数字经济高质量发展具有重要意义。

三、数字经济供给使用表编制要点总结

一是需准确划分数字经济产业和产品清单，兼顾灵活性特征。

根据数字经济发展进程及其与国民经济各行业融合程度的不同，各国数字经济产业分类和产品清单会存在一定差别，应在充分研究、总结区域数字经济特征活动的基础上，准确、详尽地划分数字经济产业，使其能够充分反映当地数字经济的发展情况。关于产品清单的划分，不同区域代表性的数字产品、受数字化影响显著的非数字产品等类别也会根据数字经济的发展程度有所区分，在 Digital SUTs 的实际编制中，应兼顾区域数字经济发展的实际情况，灵活划分数字经济产业和产品清单。

二是应尽量详细地统计受数字化影响显著的各类非数字产品数字经济交易数据。

受数字化影响显著的非数字产品交易信息是 Digital SUTs 中的重要内容，在准确划分受数字化影响显著的非数字产品清单的基础上，应侧重统计这类非数字产品通过数字订购（直接从交易方订购，通过常住或非常住中介平台订购）和数字传递方式进行交易的数据，如短期内不能获得按产品类别划分的详细数字经济交易数据，可尝试获取这类产品的数字经济交易数据总量。对于其他非数字产品的交易信息，也应尽量提供一个加总的数字经济交易数据。

三是需注意分劈传统产业的数字化产出、非数字化产出和其对应的数字化中间使用和非数字化中间使用数据。

伴随"产业数字化"的不断发展，传统产业的生产、使用过程中存在数字经济活动与非数字经济活动相融合的情况[①]，现实生活中数字化产出通常也伴随着非数字化的生产方式，由于在实际测算中很难剥离总产出和中间投入中"非数字化"的部分，使得目前较难实现对数字经济直接增加值的准确核算。数字经济直接增加值包括数字经济产业增加值与传统产业数字经济增加值两部分，其中数字经济产业增加值可通过数字经济供给表与数字经济使用表获得的数字经济产业总产出与中间投入相减得出，而传统产业的数字经济增加值则需要获取各传统行业通过数字化方式供给的产品价值与生产这部分产品相应的中间投入数据，需要对传统产业"数字化产出"和"数字化中间使用"数据单独统计获得。

---

① 例如，消费者在数字中介平台上通过数字订购方式购买餐厅提供的午餐，该活动满足数字经济交易的特征，餐厅产出属于数字化产出，然而相关的中间消费和增加值应如何计算呢？如果该餐厅既通过数字化方式也通过非数字化方式供应它们的产品与服务，那么该如何确定餐厅各部分产出（数字化与非数字化）所需要的中间消耗量与相应的增加值？有学者假设中间消耗与产出之间的比率是固定的，但是该假设没有通过实际数据证实，其准确性也有待探讨。

第五节 结论与建议

一、结论

通过对 Digital SUTs 的概念框架、整体架构、实践编制进行系统研究，主要得出以下三点研究结论。第一，在数字经济产业划分依据方面。鉴于数字经济与国民经济各行业具有较高的融合性，传统产业与数字经济融合部分的增加值核算对国民经济行业分类带来挑战。从数字经济产品的角度划分数字经济产业将导致对一些数字经济特征活动的漏统，笔者认为，从数字经济特征活动的视角划分数字经济产业更为准确，数字经济产业由从事相同或相似数字经济特征活动的基层单位组成。第二，在 Digital SUTs 框架构建方面。Digital SUTs 具有统计协调和分析工具的双重功能，不仅能反映数字经济产业发展规模，还能对传统产业与数字经济融合、互动情况进行观测。构建 Digital SUTs 应以在数字经济领域具有典型性的生产、交易等特征活动为核心，围绕"产品×产业×特征活动"三重维度，将国民经济中的数字经济活动全面显现出来。第三，在 Digital SUTs 编制要点方面。Digital SUTs 是核算"数字产业化"和"产业数字化"规模的重要工具，需侧重统计国民经济各行业的数字化产出及其对应的数字化中间使用部分，对核算传统产业与数字经济融合部分的增加值具有重要意义。

二、建议

本章提出完善数字经济统计核算体系的若干建议。主要包括对我国数字经济产业统计进行分类，多角度开展数字经济统计核算研究，创新数据获取方法、拓展资料来源三方面。首先，对于中国数字经济产业统计分类，应及时追踪国际前沿的 Digital SUTs 研究进展，关注 Digital SUTs 产品清单和数字经济产业统计分类研究。将数字经济产业与《国民经济行业分类（2017）》《战略性新兴产业分类》《新产业新业态新商业模式统计分类》进行对接，立足中国数字经济发展实情，兼顾数字经济产业分类的国际可比较性，对中国数字经济产业统计进行分类，为数字经济统计核算工作奠定良好基础。其次，多角度开展数字经济统计核算研究。国际上关于 Digital SUTs 的编制理论与方法尚处于初期探索、不断完善的阶段，《OECD 指南（2020 讨论稿）》不能完全作为编制 Digital SUTs 的理论基础和指导手册，但其中关于 Digital SUTs 框架设计参考价值较大。2017 年中国投入产出表和供给使用表已编制公布（国家统计局国民经济核算司，2019），数据分类更细、表式更为完整，能够为中国 Digital SUTs 的实践编制提供有利支撑。我国对数字经济统计与核算研究正处于积极探索阶段，应及时跟踪国际研究进展，加强国际交流协作，提炼国际经验，将其与中国统计基础和数字经济发展实际情况进行有机结合，多角度探索数字经济统计理论与核算方法，为数字经济高质量发展提供坚实统计保障。最后，创新数据获取方法、拓展资料来源。建议在利用常规统计调查、政府部门行政记录、行业协会资料等的基础上，进一步推动统计、财税、政务等部门之间的数据互通，明确数据共享机制，创建有公信度的大数据共享平台、工业互联网平台等。尝试开展数字经济专项调查，企业、住户 ICT 使用调查。完善统计报表制度，添加"产业数字化产出""产业数字化中间投入""住户数字经济最终消费支出"等相关统计指标，为数字经济统计核算工作提供有力数据支持。

参考文献

[1] 国家统计局国民经济核算司. 中国投入产出表 2017[M]. 北京：中国统计出版社，2019.

[2] 李花菊. 供给使用表的作用和编制方法 [J]. 中国统计，2018（2）.

[3] 罗良清、平卫英、张雨露. 基于融合视角的中国数字经济卫星账户编制研究 [J]. 统计研究，2021（1）.

[4] "SNA 的修订与中国国民经济核算体系改革"课题组. 关于供给使用核算的修订与中国投入产出核算方法的改革研究 [J]. 统计研究，2013（11）.

[5] 向书坚、吴文君. 中国数字经济卫星账户框架设计研究[J]. 统计研究, 2019 (10).

[6] 许宪春、张美慧. 中国数字经济规模测算研究——基于国际比较的视角[J]. 中国工业经济, 2020 (5).

[7] 许宪春、张美慧、张钟文. 数字化转型与经济社会统计的挑战和创新[J]. 统计研究, 2021 (1).

[8] 杨仲山、张美慧. 数字经济卫星账户:国际经验及中国编制方案的设计[J]. 统计研究, 2019 (5).

[9] ABS.Measuring Digital Activities in The Australian Economy [EB/OL]. https://www.abs.gov.au/websitedbs/D3310114.nsf/home/ABS+Chief+Economist+-+Full+Paper+of+Measuring+Digital+Activities+in+the+Australian+Economy, 2019.

[10] Ahmad N, Ribarsky J. Issue paper on a proposed framework for a satellite account for measuring the digital economy[R]. OECD working paper. http://www.oecd.org/officialdocuments/publicdisplaydocumentpdf /?cote=STD/CSSP/WPNA(2017)10&docLanguage=En, 2017-11-14.

[11] Ahmad N, Ven P. Recording and measuring data in the System of National Accounts [J/OL]. paper prepared for the Advisory Expert Group on National Accounts..https://unstats.un.org/unsd/nationalaccount/aeg/2018/M12_3c1_Data_SNA_asset_boundary.pdf. 2018-11-2.

[12] Barefoot K, Curtis D, Jolliff W, Nicholson J, Omohundron R.. Defining and Measuring the Digital Economy [R]. Working Paper, https://www.bea.gov/system/files/papers/WP2018-4.pdf, 2018-03-15.

[13] Brynjolfsson E, Eggers F, Gannamaneni A. Using Massive Online Choice Experiments to Measure Changes in Well-being[R]. NBER working paper, 2017.

[14] Coyle D. Digital business models and GDP [J/OL]. Presented at the 35th IARIW General Conference,www.iariw.org/copenhagen/coyle.pdf, 2018-08-20.

[15] Eurostat. Final Report on price and volume measures for service activities [J/OL]. https://circabc.europa.eu/d/a/workspace/SpacesStore/5e22faee-ad44-4e14-a919-e555615729c3/DMES_2018-06%20Item%2013%20-%20TF%20prices%20and%20volume%20final%20report.docx, 2018-06-21.

[16] IMF.Measuring the digital economy in macroeconomic statistics:The role of data [J/OL]. paper presented at the Group of Experts on National Accounts, www.unece.org/fileadmin/DAM/stats/documents/ece/ces/ge.20/2019/mtg1/

IMF.pdf, 2019-04-10.

[17] Li W, Nirei M, Yamana K. There's no such thing as a free lunch in the digital economy[J/OL].Paper presented at the 6th IMF Statistical Forum, https://unstats.un.org/unsd/nationalaccount/aeg/2018/M12_3c2_Data_SNA_asset_boundary.pdf, 2018-11-19.

[18] Mitchell J. A Proposed framework for Digital Supply-Use Tables [J/OL]. OECD working paper.http://www.oecd.org/officialdocuments/publicdisplaydocumentpdf/?cote=SDD/CSSP/WPNA(2018)3&Doc Language=En, 2018-10-31.

[19] Mell P, Grance T. The NIST Definition of Cloud Computing [J/OL]. https://nvlpubs.nist.gov/nistpubs/Legacy/SP/nistspecialpublication800-145.pdf, 2011-09-01.

[20] Nakamura L, Samuels J, Soloveichik R. 'Free' Internet Content: Web 1.0 and the Sources of Economic Growth[J/OL]. Presented at 35th IARIW General Conference,www.iariw.org/copenhagen/nakamura.pdf, 2018-8-20.

[21] OECD.Guide to Measuring the Information Society [M].Paris: OECD Publishing, 2011.

[22] OECD.Cloud computing: The concept, impacts and the role of government policy [M]. OECD Publishing:Paris, 2014.

[23] OECD.Measuring Digital Trade: Towards a Conceptual Framework [J/OL]. http://www.oecd.org, 2017-03-06.

[24] OECD.High priority indicators in the Digital Supply-Use Tables [J/OL]. http://www.oecd.org/officialdocuments/publicdisplaydocumentpdf/?cote=SDD/CSSP/WPNA(2019)2&docLanguage=En, 2019-09-09.

[25] OECD.Guidelines for Supply-Use tables for the Digital Economy[J/OL]. Prepared for the meeting of the Informal Advisory Group on Measuring GDP in a Digitalised Economy,http://www.oecd.org/officialdocuments/publicdisplaydocumentpdf/?cote=SDD/CSSP/WPNA(2019)1/REV1&docLanguage=En, 2020-01-09.

[26] Stats NZ.Valuing New Zeland's Digital Economy [J/OL]. http://www.oecd.org/officialdocuments/publicdisplaydocumentpdf/?cote=STD/CSSP/WPNA(2017)3&docLanguage=En, 2017-10-12.

[27] United Nations Statistics Division(UNSD). Central Product Classification, Version 2.1[M].New York: United Nations, 2015.

第十章

问题解答

第一节 中国 GDP 核算的改革与发展[①]

一、评论

东北财经大学教授 蒋萍

"中国 GDP 核算的改革与发展"一文从三个方面谈到中国 GDP 核算的改革：GDP 的资料来源、分类、核算方法。从这三个方面解决"GDP 是什么"的问题。解决这个问题意义重大。

我国的 GDP 核算很规范，与国际标准是接轨的。国际上有人对中国统计数据的客观性、真实性和公平性提出质疑，国内经济学界也有质疑的声音。我曾收到一篇文章，对我国统计数据提出质疑，认为调整后可支配收入占 GDP 的比重很高，这个数据存在问题。作为统计研究人员，我们有必要在国际社会当中维护我国统计数据的公正和规范，对 GDP 数据的质疑给出合理客观的解释。我觉得这是非常重要的一个方面。

---

① 清华大学经济管理学院博士后胡远宁协助对本节的评论和问答进行前期整理与后期校对。

二、问答

问：如何看待学术研究部门开展的关于互联网提供的免费服务核算问题研究？

答：开展互联网提供的免费服务核算问题研究是有意义的。不管将来政府统计部门是否将其纳入、何时纳入、如何纳入 GDP 中，从学术研究角度来看都应当对互联网提供的免费服务核算问题进行研究。如果学术研究部门经过深入系统的研究，提出的结论和建议具有科学性、合理性和可操作性，政府统计部门自然会考虑。所以作为学者，在开展研究之前先不要刻意去考虑政府统计部门是否接受，而应从学术研究角度来考虑这项研究工作是否有理论意义和实际意义，有意义就要努力去研究，不要事先设置障碍。互联网提供的免费服务从多个角度影响国民经济核算重要指标：从生产角度影响到服务业增加值，从消费角度影响到居民消费支出，从收入角度影响到居民可支配收入。值得认真研究。

问：如何看待海洋经济派生产业核算？

答：海洋经济是国民经济的重要组成部分。开展海洋经济派生产业核算有利于客观反映海洋经济及其相关产业的发展状况，以及在国民经济发展中的作用；有利于制定海洋经济发展战略和政策，促进海洋经济及其相关产业健康发展，在国民经济发展中发挥更加重要的作用。因此开展海洋经济派生产业核算是具有重要意义的。

问：旅游产业、健康产业等派生产业核算主要面临什么问题？

答：旅游产业、健康产业等派生产业核算关键是带星号的行业如何划分。带星号行业即其中的一部分属于相应的派生行业，一部分不属于，对这样的行业如何进行科学划分是统计系统面临的共同问题。战略性新兴产业、文化相关产业、体育相关产业核算都会遇到同样的问题。过去在研究战略性新兴产业核算问题时，往往是邀请相关领域的专家基于经验判断那些带星号的行业中有多少属于战略性新兴行业，给出调整系数；也可通过调查的方式解决。

问：产品质量的变化对 GDP 的影响。我们现在的不变价 GDP 核算普遍用的是价格指数缩减法。价格指数编制中没有进行质量调整，所以导致我们现在利用不变价 GDP 计算的经济增长率实际上没有进行质量调整。这对我国未来的经济增长影响可能很大，因为经济增长达到一定阶段后，不仅仅是数量的变化，更重要的是品质的提高。现在的价格指数不进行质量调整，相当于价格指数（CPI、PPI 等，尤其是 CPI）中包含了质量变化带来的价格影响，某种程度上可能高估了价格上涨的幅度。这件事到底应该由核算圈的人来做，还是应该由编制价格指数的人来做？进而国家统计局在价格指数的质量调整方面有没有什么想法或动力？

答：GDP 核算的能力和水平不仅取决于核算系统，还取决于整个统计系统，取决于统计调查制度的完善，包括统计分类标准、统计调查方法、统计资料来源的完善，也包括价格指数编制方法的改进和完善。关于价格指数编制中的产品质量调整，我认为是非常必要的。由于数字化技术进步很快，数字化产品的质量和功能不断增强，但其价格却迅速下降。在 20 世纪 80 年代，美国在编制价格指数时曾经就计算机的价格进行过质量调整。现在岂止是计算机，我们的生活几乎离不开数字化产品。例如，由于技术不断进步，手机的质量和功能不断增强，但价格不断下降。我常举一个例子，20 世纪 90 年代，一部大哥大的价格大约是 15 000～20 000 元，但它只有通话功能，远没有现在智能手机功能这么强（交流沟通、获取信息、欣赏音乐、微信、视频等）。这些功能的增强实际上属于物量增长，应该按经济增长来处理。但新增了大量功能之后，手机的价格不仅没有上涨，反而在下降，实际上手机纯粹的价格下降的幅度比表现出来的还要大。应该把伴随着质量的提高、功能的增强带来的价格上涨纳入到 GDP 增长中去,但由于价格指数编制中没有进行质量调整,现行的 GDP 增长没有体现出这部分内容。

第二节 第四次经济普查年度 GDP 核算方法改革研究 ①

一、评论

浙江工商大学教授 向书坚

"第四次经济普查年度 GDP 核算方法改革研究"一文介绍了四个方面的内容,一是我国 GDP 核算制度的基本情况,二是第四次经济普查为满足国民经济核算需求所做的改进,三是第四次经济普查年度 GDP 核算方法的主要变化,四是核算结果与分析,特别是对下一步 GDP 的研究重点,做了很好的说明,为学者怎么做研究提出了很好的方向。之前,我们谈到第四次经济普查之后的年度 GDP 核算结果差率从一经普的 16.8%、二经普的 4.4%、三经普的 3.4%,降到了四经普的 2.1%,这种直线下降,是因为过去的十多年里国家统计局,尤其是国民经济核算司做了大量艰苦的改革工作。我也梳理了一、二、三、四经普的一些改革要点,比如,从一经普到二经普的变化,第一是丰富了核算的基础资料,第二是改进了年度 GDP 的核算方法,第三是对经普年度 GDP 的核算范围做了调整。三经普较前两次经济普查的主要变化是,将第一产业法人单位以及产业活动单位纳入到普查范围,在第三次普查中第一产业的农林牧渔服务业以及第二产业的开采辅助活动以及金属制品、机械和设备修理业归到了第三产业,所以第三产业的变化很大。关于四经普的改进,涉及六个方面的变化,我

---

① 西南财经大学统计学院博士研究生刘婉琪协助对本节评论和问答进行前期整理与后期校对。

读文献的时候也进一步了解了为什么差率越来越小,希望在第五次经济普查之后,差率会更小一些。金红司长将 GDP 核算的改革方向归纳为四个方面,第一是要进一步扩宽核算所需基础资料的来源渠道,第二是要进一步细化 GDP 核算的行业分类,第三是要研究建立分行业生产法核算,第四是改进一些行业总产出和增加值的核算方法。这一系列改革离不开国家统计局作出的巨大努力,有一些还需进一步改进,同时还要面对新的变化,比如大数据背景下,在数字经济时代应该怎么来核算,期望实际部门的领导专家和高校的学者一起来共同研究下一步怎么改革。

二、问答

问:每次经普之后都会对历年的 GDP 数据作调整,今年(2021年)会对 2014—2017 年 GDP 数据作调整,那么对于 2014 年、2015 年、2016 年、2017 年这四年 GDP 数据作调整的方案有没有什么区别,是统一一个方案去作调整,还是考虑每年都有不同的调整方案?尤其近几年第三产业的业态变化非常大,2018 年的业态和 2017 年、2016 年的差别会很大,未来如何考虑更加科学地调整?

答:现在的调整修订,总体上是采用趋势离差法,即按照原来时间序列数据的趋势,将四经普产生的数据差距分摊到四年中。采用这种数学方法进行调整,如果行业分类发生变化,我们会根据一些专业指标,比较新旧行业的差别,重新核算,以便将旧的行业增加值修订调整为新的行业增加值。其实我们一直在研究如何在非普查年度将 GDP 核算得更准,从而与普查年度的差距不那么大,我们一直在收集各种各样的基础资料,包括一些大数据资料,我们不能仅局限于统计调查制度里面的资料,我相信以后的调整方案会更科学。

问:(1)关于住房消费问题。国家统计局核算司和住户司都在统计住房消费,但是两边算出的数据结果却不太一致,核算的方法也不太一样，比如消费支出数据，核算司没有公布住房这一部分，那么两边在核算方法和口径上是不是有什么不一样的地方，成本法和租金法怎么协调？

（2）行业分类上的国际标准和国家标准，有时不能照搬，在协调上希望有一个基本理论。

（3）关于价格指数质量调整问题。物量增长会被低估，所以物量外推也应该有质量调整，那么就和质量调整之后的价格缩减法是一致的。

（4）新的核算方法里已经有五大机构部门，但是我们能查到的数据只有四大机构部门，现在年鉴公布的数据里还没有非营利机构部门的数据，资产负债数据也没有公布，我们希望能尽快公布并能运用到这些数据。

答：（1）关于自有住房服务核算问题。核算司目前仍然采用成本法进行核算，还没有按照 SNA 推荐的租金法进行核算。核算司目前正在研究采用租金法，租金法其实也细分成很多种方法，自有住房服务核算在国际上也是难点，我们收集了国外的一些核算方法，比如有的是根据住房的朝向位置等来建立模型估算租金，各种方法都不太一样，下一步我们还需要进一步研究。

（2）关于行业分类问题。国民经济核算中的行业分类与国家行业分类标准大体上是一致的，与国际标准基本上也是一致的，除了国际组织没有纳入核算的范围（这也是 SNA 生产范围规定的），以及单独增加了居民自有住房服务的分类，其他基本上是一样的，只是层次粗细不太一样。

（3）关于价格指数问题。质量调整的纳入问题是非常值得考虑的，目前有几个行业用的是物量外推法，比如运输业，我们也发现用物量外推法的这些行业在普查年度和常规年度核算结果的差异较大，可能就有刚刚提到的质量变化因素未考虑进去。

（4）关于机构部门分类问题。目前我们基本上采用 2016 年 CSNA 的机构部门分类，但是由于基础资料来源问题，我们还没有完全采用 2016 年 CSNA 中的 5 个机构部门，而是采用 4 个机构部门，尚未单独设立"为住户服务的非营利机构"部门。2016 年 CSNA 既有对过去我国国民经济核算改革成果的总结，也有一些打算在未来的核算实践中要做的，比如自有住房服务核算的租金法、机构部门的分类等，今后会努力向 2016 年 CSNA 靠拢。

补充两个问题，一是居民自有住房服务的估价问题，二是住户调查中的居民消费支出和支出法 GDP 中的居民消费支出的区别问题。第一个问题最主要是考虑城镇居民自有住房服务价值怎么估算，这里有很多种估算方法，其中的成本法又包括好几种方法。居民自有住房服务成本包括维护修理费、物业费和折旧，因为折旧是建立在住房价值基础上，住房价值有好几种计算方法，其中当期市场价值、历史成本价值和建造成本都是不一样的，核算司目前用的是建造成本方法。还有租金的问题，租金就是按照市场上不同的地理位置、不同的房屋结构来计算。住户调查里有两个租金，折算租金实际是一种价格变化，这种方法存在一定问题，因为不是一个纯粹的房价，而是一种价格变化，所以核算司在具体试算的时候没有采用这种方法；而调查租金可能会受到被调查者自身因素影响，下一步还有很多研究余地，考虑用什么方法能获得更准确的租金。第二个问题，关于居民消费支出。住户调查提供的是居民人均消费支出，没有发布总的居民消费支出，它更多的是反映人均消费水平，因为利用样本数据推算总体存在偏低的可能，主要是由于调查样本对于高收入群体的代表性不够。所以在计算支出法 GDP 中的居民消费支出时除了住户调查数据外，还使用了其他资料来源，比如在计算居民消费支出中的交通和通信支出时使用了汽车工业协会的数据，在计算居民消费支出中的化妆品支出时，使用了批发零售业的商品零售额数据，从而避免低估的问题。

另外，关于物量指数和数量指数的问题，物量指数在一定程度上可能会反映一些质量的变化，但是并不完全。因为物量指数取决于基期的价格数据，如果这个价格数据也没有完全反映质量的变化，那物量指数同样面临着质量调整不到位的问题，但是会比数量指数好。目前有几个行业采用的是物量指数外推法，比如交通运输业、信息传输业等，但是所有的工业行业都没有采用物量指数外推法，而是用的价格指数缩减法。

第三节 地区生产总值统一核算改革研究①

一、评论

东北财经大学教授　杨仲山

"地区生产总值统一核算改革研究"一文从5个方面介绍了我国地区生产总值统一核算的发展历程，包括实施的方案，还有具体的调整方法等，最后还特别从实践的角度总结了重要意义及当前存在的问题。由此可以看出国家统计局的工作是非常扎实的，这些年一直在实实在在地做工作。

接下来，我想谈谈我的一点儿认识。从理论上来说，各个地区生产总值加总应该等于国内生产总值，但从实践角度反映出来的问题来看，地区加总数据不等于全国数据。经济统计讲总量和结构问题，地区应该是总量的结构，从数学的角度来说，结构加总肯定要等于总量。但是为什么从实践上反映出了结构性的加总不等于总量的问题，我想这是经济统计和国民经济核算要重点讨论的地方。虽然本文是从实践角度展开的，但我们的学习应该是理论实践相结合的。另外，其实国际上发达国家也有这样的结构性加总不等于总量的问题，因此我们需要从实践层面到理论层面去规划。

就我国国内生产总值核算和地区生产总值核算而言，我大体上是这么理解的。国内生产总值和地区生产总值是分别进行核算的，包括

---

① 上海财经大学统计与管理学院博士研究生彭慧协助对本节评论和问答进行前期整理与后期校对。

年度的、季度的，也包括普查年度和非普查年度的。大体来讲，微观数据是从基层来的，那么理论上或者经验上应该是自下而上加总的方法，但国民经济核算体系 SNA 是从上往下。所以数据需要基层和宏观层次的一个总体的把握，有两种路径，一个是自下而上的，一个是自上而下，那么两种路径在哪一块儿达到平衡？我想这也是一个问题，那就是结构性的问题和总量的问题。但这不单纯是一个实践的问题，我们理论界也要考虑一下这个问题。

二、问答

问：主要有三个问题。第一个问题，核算交通运输业时，是否细分为公路、铁路、水运、航空等行业进行核算？具体分为哪些行业？第二个问题，在交通运输业核算中用到了周转量作为核心基础指标，但在行业统计中，道路交通的周转量不含城市公共交通，而随着城乡客运一体化的发展，班线客运逐步转为公交，核算时是否有考虑这一情况？第三个问题，省级核算用到的一些指标不一定适用于市一级、县一级，例如运输量的统计在全国层面和省级层面精确度有保证，但到地市层面尤其到县一级，就没有相应的数据。请问地市一级和县一级的核算方法是否必须要跟国家和省一级方法保持一致？

答：首先，交通运输、仓储和邮政业增加值是分行业核算的，包括铁路运输业、道路运输业、水上运输业、航空运输业、管道运输业、多式联运和运输代理业、装卸搬运和仓储业、邮政业。

其次，目前地区生产总值统一核算方案中的各行业增加值核算方法是根据全国核算方法制定的，对大部分省份普遍适用，但也有一些省份可能存在特殊情况，需要特殊考虑。就道路运输业来说，采用周转量作为基础指标对大部分省份都具有代表性，但对于北京、上海等直辖市来说，由于市内交通占比较高，周转量对道路运输业的代表性就不足了，这种情况下，我们会在统一的方法基础上适当考虑特殊情况进行调整。

最后，统一核算是指省一级地区生产总值由国家统计局统一核算，市、县一级地区生产总值分别由省、市统计局进行核算，也就是下算一级。市、县一级地区生产总值核算方法由省、市统计局制定，国家统计局仅提供技术指导，原则上核算方法与国家核算方法衔接，但由于基础资料等原因，市、县一级核算难度更大，方法也可适当调整。

问：四经普增加了法人单位所属产业活动单位调查表。请问经普年鉴上是否可以获得该数据？在地区生产总值核算中，是否利用该数据分析异地产业活动单位增加值情况？在做地区间的投入产出分析的时候，是否可以利用该数据分析地区间经济交往？谢谢。

答：在四经普地区生产总值核算中，我们利用法人单位所属产业活动单位调查表数据对跨地区的产业活动单位增加值进行了调整，但由于该调整只是核算中的一个中间过程，其结果没有对外公布。

问：从数据来看，地区生产总值汇总数与国内生产总值的差距是逐年下降的，反映了地区生产总值汇总数与国内生产总值差距这一问题不是在2018年这一年就突然解决了。能否介绍一下国家统计局做了什么工作，从而使得差异逐年下降？地区生产总值统一核算的流程是怎样的，国家统计局和地区统计局之间具体如何分工合作？

答：长期以来，国家统计局一直高度重视地区生产总值汇总数与国内生产总值数据之间的差距问题。针对这一问题，一方面，国家统计局通过完善统计调查制度，审核评估基础数据，统计执法监督等多种手段提高基础数据的质量；另一方面，在国民经济核算中不断加强审核评估，通过多方面数据的比较评估，减小基础数据质量问题对核算数据的影响，从而确保核算数据的准确。

地区生产总值统一核算是由国家统计局统一组织领导、地方统计局共同参与的统一核算。具体的流程如下：由国家统计局统一从各专业司以及各部门搜集相关基础资料，按照统一核算方案初步核算各地区生产总值，将初步结果反馈给各地区统计局；各地区统计局核对各自的基础数据，并反映各自的特殊情况；然后国家统计局核实各地区反映的特殊情况，适当吸收各地区意见，并二次反馈核算结果；在国家统计局与各地区统计局达成一致意见后，确定最终的地区生产总值核算结果。

第四节　中国供给使用表编制方法研究[①]

一、评论

中国科学院研究员　杨翠红

我们和国家统计局一直有长期合作，特别理解统计工作者在国民经济核算方面，包括投入产出表和供给使用表编制背后的艰辛，这些工作需要大量数据处理与专业知识相结合。

第一，"中国供给使用表编制方法研究"一文详细介绍了供给使用表和投入产出表的编制方法。实际上，统计工作者做出了非常大的努力，使得投入产出分析拥有更大的舞台。曾经有相当长的一段时间，投入产出研究在全世界范围内进入低潮期，原因之一是它的更新速度特别慢，包括我国在内的世界上很多经济体均是 5 年编制一次投入产出表，或是中间年份公布扩展表。这些年来，国家统计局付出巨大努力，特别是在人力十分有限的条件下，甚至是 5～6 人承担了 30～40 人的工作量。这些工作推动了投入产出表的编制进程，缩短了间隔年份，方便了研究者使用和分析投入产出表，研究投入产出模型。另外，正如曾处长介绍，国家统计局已经编制了 2017 年和 2018 年的投入产出表和供给使用表。SNA 提出希望编制年度供给使用表，这样研究者可以根据产品工艺假定等，得到相对及时的时间序列数据，SNA 也一直朝着这方面努力。刚刚曾处长讲到展望部分，提到国家统计局将

---

① 清华大学经济管理学院博士后雷泽坤协助对本节评论和问答进行前期整理与后期校对。

编制 2020 年的供给使用表，特别感谢他们付出的巨大努力。

第二，一方面，文中提到，要细化产品部门和产业部门。从过去国家统计局的编表实践来看，产品和产业部门从 119 个部门扩张到 124 个部门，而后进一步扩张到 139 个部门、149 个部门，最后到目前的 153 个部门。统计工作者还会把部门分得更细，特别期待未来能够拥有更加详细的投入产出表，进而能够更加详细地分析国民经济发展以及重大事件冲击和政策影响。另一方面，本文也提到进口矩阵的编制。实际上国家统计局与时俱进，根据国家的需求，即使在工作范围之外，仍旧开展相应的工作。2017 年正式公布进口矩阵，但实际上早在 2010 年相应工作就已经展开，只不过是作为一种内部实践。我国大量依赖进口，很多产业进口比例非常高，如果不加以细分的话，投入产出研究者可能没有办法很好地使用，可能会造成分析结果的偏误。国家统计局在进口矩阵编制方面付出非常多的努力。研究者更多的是做扩展研究，锦上添花。如在供给使用表的基础上，把内外资企业分开，把大中小企业分开等进行相关研究，具体编制工作涉及相对较少。因此，对他们表示深切感谢，也期待将来能够提供更多数据用来分析经济问题。

第三，关于遗留问题。文中提到我国编表实践是先编制供给表、投入产出表，然后基于产品工艺假定推导使用表。那么，有没有可能在投入产出调查年份，直接编制供给表和使用表。例如，甲表是本部门的某一个企业，对应所有产品消耗，乙表是直接分解，即纯部门消耗。这样，利用这两张表能否直接编制使用表？在确定产品比例后直接编制使用表？即能否根据 SNA 的推荐，基于现有数据直接编制供给表和使用表？由于利用供给表和投入产出表推导使用表，建立在较强的假定之下，导致我国的供给使用表的适用性还存疑。

二、问答

问：在投入产出表编制过程中，产品部门的细化程度备受关注。

目前，投入产出表已经细化到 153 个产品部门，预期下一步还会细化到什么程度？

答：投入产出表中的产品部门一直在不断细化，由最初的 119 个部门扩展到 2018 年表的 153 个部门。产品部门划分的详细程度主要依赖于可获取的基础资料信息，统筹开展全国投入产出调查和经济普查将给进一步细化产品部门带来契机。通过一体化调查，并借此完善投入构成调查的基础数据，产品部门的划分得以进一步细化。因为在缺少更多基础资料的前提下，基于较强假设条件推导出的投入产出表，其数据质量也难以得到保证。编制 2020 年表时，采用的基础资料主要还是 2017 年投入产出调查资料，因此仍编制包含 153 个产品部门的投入产出表。在 2023 年，如果经济普查和投入产出调查能够做好统筹协调，产品部门数量有望增加至 200 个左右。

问：SNA 推荐利用供给使用表推导产品 × 产品表和产业 × 产业表。这种操作方法不仅节约成本，而且能够提高效率，是一条更加合理的编制路径。但我国的操作顺序与 SNA 的做法相反，先编制供给表和投入产出表，然后推导出使用表。编制供给使用表的目的是得到产品 × 产品表和产业 × 产业表。我国采用的这种编制思路和编制路径，违反了编制供给使用表的初衷。那么，国家统计局是出于怎样的考虑？

答：首先，SNA 推荐先编制供给表，再编制使用表，最后基于产品工艺假定或部门工艺假定推出产品 × 产品的投入产出表和产业 × 产业的投入产出表。但 SNA 的做法需要一个特别关键的前提，即其基本统计单位是产业活动单位。这要求一个单位的主要产品或主要产品增加值占全部产品或全部产品增加值的比重高于或至少 50%。实际上这种方法对单位要求比较高，按照这种产业活动单位来规定的产品部门，有利于部门划分。因此，在产品工艺或部门工艺假定下，可以推导出一个质量较好的产业 × 产业部门表或产品 × 产品部门表。

其次，我国的基本统计单位与 SNA 不同。美国、加拿大等国家的基本统计单位与编制投入产出表的基本单位相同，均是基层单位（或称为产业活动单位），而我国的基本统计单位是法人单位。法人单位所从事的生产活动类型非常多，可能同一法人单位生产若干次要产品，而其主产品也许并不突出。那么在这种情况下，采用部门工艺或产品工艺假定推出的表是不纯粹的。事实上，国家统计局已经意识到这个问题。由于我国的基本统计单位较难修改，一直无法完全按照 SNA 的要求改进。因此，问题的关键主要在于我国的基本统计单位不同。

最后，把一个法人单位区分出若干产业活动单位，实际操作起来十分复杂。例如，一个工厂同时生产多种产品，而每种产品所占份额相当。在区分产业活动的时候，会带来投入结构划分困难的问题。如何将投入划分成不同产业单位，可能需要很强的假定。一般情况下，按产品部门划分更加简单和清晰。对于企业而言，往往能够较为清楚地按产品部门划分自己的产品，但在没有具备充分的专业统计知识的前提下，按照基层单位划分将会给企业带来很大困难。因此，将整个企业的投入结构按照产品来分劈比按照基层单位分劈更容易。

问：通常从理论上或者其他国家的实践经验来看，估价问题涉及生产者价格、基本价格以及购买者价格，并且国际上推荐使用基本价格和购买者价格。但是，在我国可获得购买者价格的前提下，为什么还要推回生产者价格？也就是说，我国可以得到基于任意价格的投入产出表，为什么官方统计机构一直以来仅发布基于生产者价格的投入产出表？

答：一方面，投入产出表的重要作用之一是作为评估 GDP 数据的一个标准。我国 GDP 核算采用含增值税的生产者价格，投入产出表也采用这个价格。另一方面，投入产出表的编制是基于投入产出调查这种直接调查方式展开，虽然使用基本价格更有利于投入结构的稳定性，但基本价格不易获取，而购买者价格受市场影响较大，因此，最终采用了生产者价格。在平衡的过程中，为了保证不同年份的标准统一，在各年份表中均扣除了流通费用，得到生产者价格投入产出表。

问：目前，中国有多家权威机构均编制地区间的区域投入产出表，其中哪个表精度更高，使用者应该如何选取？

答：各机构在编制区域间投入产出表时，均采取了不同的假设和推算方法。事实上，国际上的区域间投入产出表也并不完全统一，有多个投入产出数据库。这些区域间投入产出表的区别在于使用不同的模型推算和假定条件。因此，各机构编制的区域间投入产出表没有优劣之分。在使用的时候，根据数据的可获得性和假设条件，使用者采用符合个人需求的区域间投入产出表即可。

第五节 第四次经济普查年度资金流量表编制方法改革研究[①]

一、评论

山西财经大学/山东工商学院教授　李宝瑜

资金流量表的问题主要包含两个方面：一是编制问题，二是使用问题。

资金流量表编制方面的问题主要涵盖四个方面。一是分类问题。和一些发达国家相比，我国资金流量表的分类还相对比较粗，主要包括五大机构部门，并未下设二级部门，这较难进一步细致地研究资金流量相关问题。二是数据的衔接问题。资金流量表中的部分指标和其他统计表的相应指标之间在数据上还存在一定的不衔接之处。对于机构部门来说，单独分析时可能数据衔接问题并不凸显，但如将各部门数据纳入到诸如社会核算矩阵中，则对应的数据衔接问题就显现出来

---

① 重庆工商大学数学与统计学院讲师任雪协助对本节评论和问答进行前期整理与后期校对。

了。三是数据平衡问题。这几年数据间的平衡性得到实质改善,但隐含的不平衡问题还是存在的。四是时效性问题。资金流量表数据发布还存在一定的滞后性。现在是大数据时代,时滞问题是很大挑战。

对于资金流量表使用方面,就如同投入产出表一样,编制部门×部门之类的交叉表,构建一些涵盖多种形式的模型,形成有价值的对策建议很有意义。总体来说,希望以后一方面改进编制的质量,另一方面让国民经济核算数据在社会上得到更多人使用。

二、问答

问:党的十九届五中全会提出,"加快构建以国内大循环为主体,国内国际双循环相互促进的新发展格局"。资金流量非金融交易表可以与资金流量金融交易表、投入产出表、国际收支平衡表等结合起来分析我国"双循环"新发展格局的构建情况,并提出政策建议。为了更好地开展分析,建议进一步规范和细化机构部门分类和交易项目分类等。

答:把资金流量表(包括非金融交易表和金融交易表)与投入产出表、国际收支平衡表等结合起来,分析"以国内大循环为主体,国内国际双循环相互促进的新发展格局"的构建情况是一个非常好的思路。近年来,国家统计局也在不断改进和完善资金流量表编制方法,包括规范机构部门分类、改进部分交易项目核算方法等,具体而言:

关于分类问题,包括机构部门分类和交易项目分类的规范和细化。国家统计局核算司在改进和完善资金流量核算方面已经开展了大量的工作,进一步细化和规范机构部门和交易项目分类需要较大的工作量,以及一定的技术支撑。

关于数据衔接问题。近年来国家统计局核算司在提高数据衔接性方面做了很多工作,包括改进核算方法,加强数据的衔接性评估等。进一步提高数据的衔接性需要一个过程,不宜简单处理。

关于数据发布时效性问题。实际上,近年来资金流量表发布时效性比以往有较大提高。由于基础资料的可获得性等问题,资金流量核算数据发布时效性存在一定的制约，因此时效性的提高也只能是一个逐步的过程。

关于应用问题。如何发挥资金流量表在分析"以国内大循环为主体，国内国际双循环相互促进的新发展格局"中的作用，是个很好的研究方向。这项工作不仅是国家统计局核算司的事，各位长期从事资金流量核算研究的学者也可以尝试开展相应的分析。

国家统计局还将进一步研究改进资金流量表编制方法，提高资金流量核算数据质量，更好地服务于宏观决策。

第六节　中国资产负债表编制方法研究[①]

评论

上海交通大学教授　朱启贵

与国外相比，我国资产负债核算工作还很薄弱。我国过去主要关注流量的赶超，从而注重流量核算；未来需重视存量的赶超，必须加强存量核算。因此，资产负债核算是至关重要的。

党的十九大报告指出："中国特色社会主义进入新时代，我国社会主要矛盾已经转化为人民日益增长的美好生活需要和不平衡不充分的发展之间的矛盾。"为了衡量和解决社会主要矛盾，我们需要通过住户部门资产负债表提供住户部门资产指标和负债指标。党的十九届五中全会提出了到2035年基本实现社会主义现代化远景目标和"十四五"时期经济社会发展主要目标。为了统计监测"十四五"规划实现进程和2035年基本实现社会主义现代化进程，我们必须加快资产负债核算体系建设。

我对国家统计局资产负债核算工作有七个感受：第一个是政治站位高，第二个是顶层设计科学，第三个是研究工作扎实，第四个是准

---

① 清华大学经济管理学院博士后王洋协助对本节评论进行前期整理与后期校对。

备充分，第五个是实践探索艰辛，第六个是工作成效显著，第七个是未来的发展明确，这也给我们未来的研究工作指明了方向。国家统计局核算司在人手少、任务重、压力大的情况下，资产负债核算工作成效突出，为我们理论工作者树立了榜样、增添了干劲。

通过对资产负债核算的研究，我觉得国际上资产负债核算主要存在三个问题：一是机构部门的分类不完全一致；二是资产和负债的涵盖范围不完全相同；三是对资产的估价方法不尽相同。我国资产负债核算主要面临四个难题：一是资产和负债的范围如何确定；二是我们的统计数据满足不了资产负债表编制的需求；三是估价的问题；四是地方的资产负债表基础数据严重短缺。解决这些难题不仅是国家统计局的任务，也是学术界各位教授和同学们的奋斗目标。

第七节　数字全球价值链的测算框架与事实特征[①]

一、评论

北京师范大学教授　王亚菲

"数字全球价值链的测算框架与事实特征"一文隐含三个问题：

第一是 SNA 版本的修订问题。联合国已经决定 2025 年发布 SNA 新版本，现在已经确定了三个最优先修订的领域，第一是全球化、第二是数字化、第三是福利和可持续性。其中，全球化和数字化最为重要。文中将这两个主题结合在一起。

第二是全球化的问题。全球价值链是 SNA 修订的全球化领域中的重要问题。全球价值链实际上是用里昂惕夫逆矩阵对最终需求里的出口进行分解。在近十年里，全球价值链的相关研究发展迅速，产生了丰富的研究成果。但这类研究强烈依赖于投入产出表，特别

---

① 西南财经大学统计学院博士研究生唐佳琦协助对本节评论和问答进行前期整理与后期校对。

是全球多区域投入产出表。目前，较为主流的全球多区域投入产出表有 EXIOBASE、WIOD、OECD-ICIO 和亚洲开发银行（Asian Development Bank）的 ICIO 表等。此外，欧盟统计局自 2010 年开始与 OECD 合作，其发布的 FIGARO 表已更新至 2019 年的最新数据，并涵盖了 TIVA（增加值贸易）的部分，我觉得大家以后的研究也可以采用这个数据库。

第三是数字化的问题。目前数字化属于热门和前沿问题，关于数字化基础理论主要以 BEA 和 OECD 的研究占主流。在 SNA 修订问题中提到，关于数字经济的供给使用表的框架已经制定，但进一步的文档还并未完全列出。最近，经合组织（OECD）、世贸组织（WTO）和国际货币基金组织（IMF）共同发布的《数字贸易测度手册》对数字化的研究提供了重要的参考性。现阶段全球贸易数据通常指货物贸易、服务贸易数据库，未来数字贸易数据库也将会被构建。本文所构建的分解和测算模型依赖于全球多区域投入产出表，其中一个重要问题就是数字化产业和产业数字化的计算。数字化产业，例如，ICT 产业是直接的数字化部门，是可以计算出的；但是对于产业数字化的部分的计算就比较困难。文中尝试对现有的投入产出表进行拆分，但这种拆分还是存在难度的，这也是需要解决的最核心问题，如果能够把这个问题解决，后续的分解研究也可以继续下去。针对这个难点，OECD 给出了企业微观调查的建议，即让企业填报其数字化的部分。我国自 2013 年起实行企业一套表统计调查制度，是否可以通过加入相关问题从而采集企业数字化的信息。如果能够将数字化部分贸易数据按照统一的标准从企业中获取，并进一步由研究人员编制，从而形成一张包含数字和非数字贸易的投入产出表，则我们能够做更多的研究。

二、问答

问：如何基于全球投入产出表拆分数字化部分？

答：由于跨国的微观调查数据很难获取，目前能做的就是利用已有的、比较规范、包含中间品跨境贸易的全球投入产出表进行拆分，我们现阶段的想法是从直接和间接两个角度出发。直接数字化部分即是对数字相关产业进行直观的测算，间接数字化部分则是从投入数字化角度对传统行业的数字化部门的拆分，这种拆分与国内学者的研究稍微不同的地方在于跨境，好在现在的全球国家间投入产出表都有跨境贸易的详细数据。此外，我们对于投入数字化的测算方法有了新的想法，即通过构建传递矩阵对间接数字化部分的估计进行改进。目前我们对该问题正在进行尝试性研究，可能存在很多不足，还希望大家多批评指正。

第八节　数据资产及其核算问题研究[①]

一、评论

中国人民大学教授　李静萍

数字经济毫无疑问是一个热点。关于数字经济中数据的研究，我也是在探索。数据的含义，数据的属性都需要界定。关于数据资产，我们作为数据的使用者，熟悉又陌生。到底什么是数据？对于数据是否具有生产性，我觉得我与本文的研究没有分歧，只是研究的对象不一样。我探究的是采集前就客观存在的，类似于未被开发前的矿藏，矿藏天然存在；文中研究的是被采集后电子化的数据，类似于是被开采后的矿，这就是研究对象之间的不同，是不同环节的东西。

我当时关注这一问题，研究启示来自于 2008 年 SNA 对于数据库的价值估算，数据采集价值不包括在数据库价值中。那么，采集之前数据就应该存在，数据天然的自身价值是什么？采集数据的成本是否应资本化？数据采集后我也认同将其做资本化处理，本文从数据的定

[①] 上海财经大学统计与管理学院博士后胡亚茹协助对本节评论和问答进行前期整理与后期校对。

义属性到分类以及核算，进行了系统的介绍，最后还给了一个案例，整个内容全面扎实，大家有目共睹。

二、问答

问：在案例分析中，数据与数据库如何区别？是单独将数据作为一类固定资产与知识产权产品并列合适，还是作为知识产权产品的子项目更合适？

答：数据与数据库的确很难区别，现在的知识产权产品范围应有所拓展。

问：从增长核算的角度如何考虑数据作为生产要素这个问题呢？在增长核算框架中将数据作为要素，考虑数据的生产性特点，会包括流量和存量问题。那么在生产函数中如何处理呢？

答：数据作为生产要素，在生产函数中如何处理，目前还具有较大不确定性。至于怎样把它纳入经济增长框架，后续将持续研究。

第九节　数字经济供给使用表编制方法研究[①]

一、评论

北京师范大学教授　陈梦根

第一，该研究是一个非常令人振奋的领域，也是一个很有意义的选题。数字经济是当前国际经济竞争中的战略高地，为统计核算带来许多新的研究问题，数字经济供给使用表可以反映数字经济最终消费、数字经济增加值、数字经济中间投入（使用）等情况，是观测数字经济发展情况非常全面的统计核算工具。

第二，数字经济供给使用表编制方法延续了传统供给使用表编制

---

① 清华大学经济管理学院博士后张美慧协助对本节评论和问答进行前期整理与后期校对。

方法，数字经济供给使用表中的数字产品清单、数字经济产业分类、数字经济交易类型的划分非常重要。但是，作为一个新兴的领域，数字经济测度和数字经济供给使用表编制还存在诸多问题与难点。

第三，编制数字经济供给使用表涉及基础数据的问题，为了增强数据可获得性，建议尝试设计有弹性、开放性、可拓展的统计调查体系，增强对经济事实的反应能力和速度。

第四，数字产品的价格测度问题，诸如"免费"数字产品、数据、自产数据的价格测度问题，值得关注并深入研究。此外，数字经济核算中不变价增加值、不变价增长率的测算问题也需要深入思考，这就涉及数字产品价格指数的测算。

二、问答

问：受数字化影响显著的非数字产品，应如何界定？

答：划分受数字化影响显著的非数字产品，取决于对数字经济内涵的界定，此类产品的筛选依据是判断产品和相关服务是否已经或有趋势受到数字化的显著影响。具体来说，要看产品是否为数字交付的、是否受到数字中介平台的重大影响。值得提出的是，此类产品范围会根据传统产业与数字经济的融合情况而调整。

问：OECD数字经济供给使用表框架中关于数字经济产业的分类采用的是大类，这就有一个问题，即如何在中国划分与落地？

答：需要对国民经济行业分类中主要经济活动属于数字经济特征活动的基层单位进行划分、归类，形成具有国际可比性的数字经济产业分类。